Neste livro bem escrito [...] o convincente o assunto básic[o ...] os perdidos com o evangelho. Estimulante em sua simplicidade e aplicação prática.

ROBERT E. COLEMAN,
professor de evangelização e discipulado,
Gordon-Conwell Theological Seminary

Poucos homens têm coração e erudição para falar tão biblicamente sobre o assunto de evangelização como o meu amigo Mark Dever. Todos seremos evangelistas melhores se lermos e meditarmos nas verdades teológicas expressas neste importante livro.

JOHNNY HUNT, *pastor,*
First Baptist Chruch of Woodstock, Georgia

O autor levou-me a Cristo há mais de uma década. Portanto, ele sabe o que fala. Pelo que sei, ele é o único cristão que conduziu um "grupo de ateístas" na faculdade com propósitos evangelísticos! Este livro – cheio de discernimentos práticos a respeito de como obedecer à Grande Comissão – deve estimular-nos, como indivíduos e como igrejas, a resplandecer como estrelas no universo.

JOHN FOLMAR, *pastor,*
United Christian Church of Dubai, Emirados Árabes Unidos

Nossas lentes teológicas variam, mas, apesar disso, vemos a mesma coisa: o propósito da vida cristã e a vocação da igreja é ter parte na obra redentora de Deus no mundo. E, não importando qual seja a sua tradição evangélica, há algo neste livro que o ajudará a entender e fazer isso melhor. Nestes trinta anos em que conheço Mark Dever, ele sempre tem estudado e praticado o que escreve neste livro. Leia, cresça e faça!

DAVID R. THOMAS, *pastor*,
Centenary United Methodist Congregation,
Lexington, Kentucky

O profundo desejo de Mark Dever de ver pessoas vindo a Cristo, combinado com um firme e permanente compromisso com a evangelização bíblica, originou um importante livro para a nossa época – um livro que deve ser lido fielmente por todos que desejam compartilhar sua fé.

J. MACK STILES, *secretário geral*,
IFES, *Dubai*,
Autor de *Speaking of Jesus*

o EVANGELHO
e a Evangelização

IX 9Marcas

o EVAN GE LHO

e a Evangelização MARK **DEVER**

FIEL Editora

D491e Dever, Mark, 1960-
O Evangelho e a evangelização / Mark Dever ;
[tradução: Francisco Wellington Ferreira] – 1. ed., 1
reimpr. – São José dos Campos, SP : Fiel, 2015.

160 p. ; 21 cm.
Tradução de: The gospel & personal evangelism.
Inclui referências bibliográficas.
ISBN 9788599145982

1. Evangelização. 2. Testemunhos (Cristianismo). I. Título.

CDD: 248.5

Catalogação na publicação: Mariana C. de Melo – CRB07/6477

O Evangelho e a Evangelização
Traduzido do original em inglês
The Gospel & Personal Evangelism
por Mark Dever
Copyright © 2007 by Mark E. Dever

∎

Publicado por Crossway Books,
Um ministério de publicações de
Good News Publishers
Wheaton, Illinois 60187, U.S.A

Esta edição foi publicada através de um
acordo com Good News Publishers

Copyright©2009 Editora Fiel
Primeira Edição em Português: 2011

Todos os direitos em língua portuguesa
reservados por Editora Fiel da Missão Evangélica Literária
PROIBIDA A REPRODUÇÃO DESTE LIVRO POR
QUAISQUER MEIOS, SEM A PERMISSÃO ESCRITA
DOS EDITORES, SALVO EM BREVES CITAÇÕES,
COM INDICAÇÃO DA FONTE.

∎

Diretor: Tiago J. Santos Filho
Editor: Tiago J. Santos Filho
Tradução: Francisco Wellington Ferreira
Revisão: Tiago J. Santos Filho
Diagramação: Layout Produção Gráfica
Capa: Rubner Durais

ISBN impresso: 978-85-99145-98-2
ISBN e-book: 978-85-8132-066-3

FIEL
Editora

Caixa Postal 1601
CEP: 12230-971
São José dos Campos, SP
PABX: (12) 3919-9999
www.editorafiel.com.br

Com gratidão a Deus
por sua fidelidade pelos frutos dados
por meio da evangelização, os agora
queridos amigos John, Karan e Ryan,
e pelos amigos que me ensinaram
sobre a evangelização:
Jim Packer
Will Metzger
Mack Stiles
Sebastian Traeger

SUMÁRIO

Prefácio: C. J. Mahaney..11

Introdução: Uma História Admirável................................15

1 — Por que Não Evangelizamos? 23

2 — O que É o Evangelho?...39

3 — Quem Deve Evangelizar?..57

4 — Como Devemos Evangelizar?...................................71

5 — O que Não É Evangelização?....................................91

6 — Depois de Evangelizar, o que Devemos Fazer?......111

7 — Por que Devemos Evangelizar? 127

Conclusão: Fechando a Venda...143

Apêndice: Uma Palavra aos Pastores...............................151

PREFÁCIO

Uma das primeiras coisas que descobri sobre meu bom amigo Mark Dever é que ela anda tão rápido quanto fala. Há mais de dez anos, tomei o carro e fui de minha igreja, na periferia de Washington DC, ao encontro com ele na Capitol Hill Baptist Church, onde ele serve como pastor principal. O dia estava agradável, e, por isso, Mark sugeriu que caminhássemos um pouco, do prédio histórico de sua igreja até a lanchonete Subway mais próxima. Embora eu ande habitualmente em passo rápido, tive dificuldade em acompanhar Mark.

Momentos antes de entrarmos naquele "fast-food", Mark explicou que comia ali freqüentemente, não por causa da cozinha excelente, e sim por causa do propósito de compartilhar o evangelho. No interior, ele saudou por nome os proprietários – um casal de muçulmanos da Índia – e os envolveu em uma conversa agradável.

Quando me sentei, comecei a questionar Mark a respeito

de seu amor pelos incrédulos e suas estratégias para compartilhar o evangelho. Ele me disse que freqüenta intencionalmente o mesmo restaurante e lojas para desenvolver relacionamentos e criar oportunidades esperançosas de evangelização.

Desde aquele dia, tenho procurado seguir o exemplo de Mark e tenho desfrutado a alegria de compartilhar as boas-novas com muitas pessoas que encontro na rota aparentemente comum da vida cotidiana.

Se você, como eu, já viveu dias inteiros desinteressado e inconsciente de pecadores perdidos ao seu redor, ou se você deseja compartilhar o evangelho, mas não sabe como estabelecer um relacionamento e começar uma conversa, *O Evangelho e a Evangelização Pessoal* o encorajará e o equipará. Enquanto você lê, captará a contagiante paixão de Mark por compartilhar o evangelho de Jesus Cristo e receberá instrução prática sobre a evangelização pessoal.

Embora este livro seja para todos os cristãos, ele é também um dom para os pastores. Cultivar a evangelização na igreja local é uma das mais importantes responsabilidades e um dos mais difíceis desafios de um pastor. Talvez *o mais* difícil. Entretanto, nas paginas de *O Evangelho e a Evangelização Pessoal*, a sabedoria, o ensino e a experiência de Mark Dever o ajudarão nessa tarefa vital do ministério.

Essa é a razão por que, durante vários anos até agora, tenho importunado Mark a escrever este livro. Assim, pela graça de Deus, os membros de igrejas, pastores, você e eu nos importaremos com aqueles que antes ignorávamos. Seremos amigos de pecadores que estão sem esperança e sem Deus. Compartilharemos com eles as boas-novas do sacrifício vicário de Jesus Cristo, na cruz. Um dia, essas almas perdidas poderão se converter de seus pecados e crer na morte e ressurreição do Salvador em favor delas. E haverá solene regozijo – no céu e na terra (Lc 15.10)!

Mark, obrigado por escrever *O Evangelho e a Evangelização Pessoal*. Agradeço-lhe mais ainda por seu exemplo persuasivo de compaixão pelos perdidos e por sua fidelidade em proclamar Jesus Cristo crucificado. Que haja muitas conversas e abundantes frutos de evangelização como resultado deste livro.

Estou aguardando o nosso próximo almoço juntos, meu amigo. Vamos caminhar até ao Subway!

C. J. Mahaney
Sovereign Grace Ministries

INTRODUÇÃO

UMA HISTÓRIA ADMIRÁVEL

Desejo contar-lhe uma história admirável sobre uma pessoa com a qual você gostaria de parecer-se. E, por favor, continue lendo apesar de alguns detalhes. Não posso contar histórias de outra maneira.

John Harper nasceu em um lar cristão em Glasgow, na Escócia, em 1872. Quando tinha 14 anos, ele se tornou um cristão e, a partir daquele momento, começou a falar de Cristo para os outros. Aos 17 anos de idade, John começou a pregar, andando pelas ruas de seu vilarejo e derramando a sua alma em apelo veemente para que os homens se reconciliassem com Deus.

Depois de seis ou sete anos de labuta nas esquinas das ruas, pregando o evangelho e trabalhando no moinho durante o dia, John Harper foi tomado pelo Rev. E. A. Carter, da Missão Batista Pioneira, em Londres. Isso deixou Harper livre para dedicar seu tempo e energia à obra que ele tanto amava – evangelizar. Em breve, em setembro de 1896, Harper começou sua própria igreja. Essa igreja, que ele começou com apenas 25 membros, tinha mais de 500 membros quando ele a deixou 13 anos depois. Durante esses anos, ele se casara e ficara viúvo. Antes de perder sua esposa, Deus o abençoara com uma linda menina chamada Nana.

A vida de John Harper foi cheia de incidentes. Ele quase morreu afogado várias vezes. Quando tinha dois anos e meio, ele caiu em um poço, mas foi ressuscitado por sua mãe. Aos vinte e seis anos, foi levado ao mar por uma correnteza e quase não sobreviveu. Aos trinta e dois, encarou a morte em um navio avariado no Mediterrâneo. Esses encontros com a morte pareceram confirmar John Harper em seu zelo por evangelização, que o marcou pelo resto de seus dias nesta vida.

Enquanto pastoreava sua igreja em Londres, Harper continuava sua evangelização zelosa e fiel. Na verdade, ele era um evangelista tão zeloso que a Moody Church, em Chicago, o convidou a ir à America para uma série de reuniões. Ele foi, e tudo correu muito bem. Alguns anos depois, a Moody Church convidou-o novamente a ir aos Estados Unidos. Assim, um dia Harper embarcou em um navio, com um passagem de segunda classe, partindo de Southampton (Inglaterra), a fim de viajar para a América.

A esposa de Harper morrera poucos anos antes. Ele levava consigo sua única filha, Nana, que tinha seis anos de idade. O que aconteceu depois disso sabemos principalmente de duas fontes. Uma das fontes é Nana, que morreu em 1986, aos 80 anos de idade. Ela lembrava que havia sido acordada por seu pai algumas noites depois do início da viagem. Era quase meia-noite, e ele disse que o navio em que estavam havia batido em um iceberg. Harper lhe disse que outro navio estava vindo para resgatá-los, mas, por precaução, ele a colocaria em um bote salva-vidas com uma prima mais velha, que os acompanhava. E, quanto a ele, esperaria até que o outro navio chegasse.

O resto da história é uma tragédia famosa. A pequena Nana e sua prima foram salvas. Entretanto, o navio em que estavam era o *Titanic*. Só sabemos o que aconteceu depois com John Harper porque, alguns meses mais tarde, em uma reunião de oração em Hamilton (Ontário), um jovem escocês se levantou e contou, em lágrimas, a extraordinária história de como fora convertido. Explicou que estivera no *Titanic* naquela noite em que este batera no iceberg. Ele se agarrara a um pedaço de destroços flutuante nas águas congelantes. "De repente", contou ele, "uma onda trouxe um homem, John Harper, e o colocou perto mim. Harper também estava agarrado a um pedaço de destroços".

"Ele gritou: 'Homem, você é salvo'?"

"Não, não sou, eu respondi."

"Ele gritou de novo: 'Creia no Senhor Jesus Cristo e você será salvo'."

"As ondas levaram [Harper], mas, pouco depois, ele foi trazido de volta para o meu lado. 'Você está salvo agora?', perguntou em voz alta."

"Não, eu respondi. 'Creia no Senhor Jesus Cristo e você será salvo'."

"Então, soltando o pedaço de madeira, [Harper] afundou. E ali, sozinho na noite, tendo mais de três quilômetros de água abaixo de mim, eu confiei em Cristo como meu Salvador. Sou o último convertido de John Harper."[1]

Agora, tratando de algo completamente diferente, mencionarei a minha vida como evangelista. Eu não sou John Harper. Às vezes, sou um evangelista relutante. De fato, às vezes sou um evangelista relutante e às vezes não sou evangelista de modo algum. Tem havido ocasiões de luta íntima: "Devo falar com esta pessoa?" Sendo, em geral, uma pessoa ousada, até pelos padrões americanos, posso ficar quieto, respeitando o espaço da outra pessoa. Talvez eu fique sentado ao lado de alguém no avião (e, nesse casão, já deixei pouco espaço para ela!); talvez alguém fique conversando comigo a respeito de algum outro assunto. Talvez seja um parente que conheço há muitos anos ou uma pessoa que nunca conheci. Contudo, sem importar quem seja, aquela pessoa se torna para mim, naquele momento, um desafio espiritual que inspira desculpas e cessação do testemunho cristão.

Se houver um tempo no futuro em que Deus avaliará todas as nossas oportunidades perdidas de evangelização, receio que eu possa causar certa demora na eternidade.

Se você se parece comigo no que diz respeito à evangelização (e muitos parecem), desejo encorajá-lo a ler todo este livro. Ele tem o alvo de encorajar, esclarecer, instruir,

---

1 ADAMS, Moody. *The Titanic's last hero:* story about John Harper. Columbia, SC: Olive Press, 1997. p. 24-25.

repreender e desafiar, elaborado na forma de capítulos breves. Minha oração é que, como resultado do tempo que você gastará na leitura deste livro, mais pessoas ouçam as boas-novas de Jesus Cristo.

Não é admirável que tenhamos dificuldades para compartilhar essas novas maravilhosas? Quem recusaria dizer a um amigo que ele tem um bilhete de loteria premiado? Que médico não desejaria dizer ao seu paciente que os exames tiveram resultado negativo (o que, na realidade, é uma coisa boa)? Quem não se sentiria honrado por um telefonema do presidente da república dizendo-lhe que gostaria de encontrar-se com ele?

Então, por que nós, que temos as melhores notícias do mundo, somos tão demorados em contá-las aos outros? Às vezes, nosso problema pode ser qualquer um dentre uma longa lista de desculpas. Talvez não conheçamos bastante o evangelho – ou achemos que não. Talvez pensemos que isso é tarefa de outra pessoa – de um pastor ou de um missionário. Talvez não saibamos mesmo como realizá-la. Ou talvez *pensemos* que estamos evangelizando quando, de fato, não estamos.

Digamos que somos fiéis na evangelização, mas o que fazemos se a pessoa que evangelizamos fica nervosa ou mesmo se irrita conosco? Por outro lado, o que fazemos se a evangelização parece dar certo, se alguém "faz a oração de salvação" conosco ou pelo menos diz que deseja ser um cristão?

E mais uma pergunta que os crentes fazem costumeiramente a respeito da evangelização: é certo eu não querer evangelizar e fazê-lo motivado por sentimento de culpa? Sei que isso não é o melhor, mas é pelo menos correto? Essas são algumas das perguntas que pretendemos responder. Além dessas, quero considerar algumas outras perguntas a respeito de compartilhar as boas-novas: por que não evangelizamos? O que é o evangelho? Quem deve evangelizar? Como devemos evangelizar? O que *não é* evangelização? O que devemos fazer depois de evangelizar? Por que devemos evangelizar? Em resumo, discutimos neste livro as melhores notícias que existem e como devemos compartilhá-las.

Deus estabeleceu quem deve evangelizar e como fazê-lo. Deus mesmo está no âmago do *evangelho* – as boas-novas que estamos disseminando. E, em última análise, devemos evangelizar por causa de Deus. Tudo que fazemos neste livro é conectar alguns dos pontos em nossa maneira de pensar e, espero, em nosso falar.

Nossas respostas a essas perguntas não são completamente distintas. Elas se entrelaçam e influenciam umas às outras, mas cada uma delas provê um ponto de vista separado com o qual podemos ver e entender este grande tema bíblico da evangelização. Para responder a essas perguntas, examinaremos todo o Novo Testamento, desde o epicentro da evangelização – o Livro de Atos – aos evangelhos e às epístolas.

É claro que este pequeno livro não pode responder todas as perguntas que existem sobre a evangelização (porque eu não posso responder todas as perguntas!). No entanto, meu desejo é que, por considerá-las, você descubra que pode ser mais compreensivo e mais obediente na evangelização. Não posso prometer que você se tornará outro John

Harper (ainda não me tornei um), mas todos podemos nos tornar mais fiéis.

Também espero que, à medida que você evangelize mais, ajudará a sua igreja a desenvolver uma cultura de evangelização. O que significa isso? Significa uma expectativa de que os cristãos compartilhem o evangelho com outras pessoas, conversem sobre evangelização, orem, planejem e trabalhem juntos regularmente para ajudar um ao outro a evangelizar. Queremos que a evangelização seja algo normal – em nossa vida e em nossas igrejas.

Esse foi o propósito por que escrevi este livro. Espero que você o leia com esse mesmo propósito.

CAPÍTULO 1

POR QUE NÃO EVANGELIZAMOS?

A. T. Robertson foi um famoso professor da Bíblia e uma amado palestrante de seminário. Era também conhecido como um professor exigente. Às vezes, os alunos tinham de ficar de pé na sala de aula e recitar de memória longas passagens de seus livros de estudo. Algumas vezes, eles se saíam bem; outras vezes, não. Depois de uma mal-sucedida ocasião específica de recitação, o Dr. Robertson disse a um dos alunos: "Bem, desculpe-me, irmão, mas tudo que posso fazer por você é orar e reprová-lo".[1]

"Reprovar" é uma palavra que não usamos mais com freqüência. É uma palavra severa, desagradável e inflexível. No entanto, talvez seja uma boa palavra a usarmos para resumir como muitos de nós temos nos saído em obedecer à chamada a evangelizar. Jesus nos mandou contar a todas as nações as boas-novas, mas não temos feito isso. Ele chama pessoas a serem pescadores de homens, mas preferimos observar. Pedro disse que devemos estar sempre

---

1 GILL, Everett. *A biography of A. T. Robertson*. New York: Macmillan, 1943. p. 187.

preparados para responder a todo aquele que nos pedir razão da esperança que temos, mas não estamos. Salomão disse que quem ganha almas é sábio, mas falhamos nisso.

No entanto, se você se parece comigo em algum aspecto, talvez não seja tão insensível quanto às suas falhas na evangelização. Você tem alterado seus registros mentais. De fato, quando você não dá testemunho de Cristo, ocupa-se em desculpar, justificar, racionalizar e explicar à sua consciência por que foi realmente sábio, amável e obediente *não* compartilhar o evangelho com determinada pessoa naquele momento e naquela situação.

Neste capítulo, queremos considerar algumas das desculpas mais comuns que usamos para justificar nossa falta de evangelização. Em geral, essas desculpas vêm à nossa mente, impedem que realizemos certas conversas e desaparecem rapidamente. Neste capítulo, queremos deter essas desculpas e mantê-las quietas por um momento, a fim de conversarmos com elas. É claro que há muitas outras desculpas, mas essas são populares. Primeiramente, consideraremos as cinco desculpas especialmente comuns. Depois, consideraremos aquelas desculpas apresentadas pelos incrédulos, aqueles que recusam as novas do evangelho que estamos tentando apresentar-lhes. Por fim, consideraremos as desculpas que se referem a nós mesmos e veremos o que podemos fazer a respeito delas.

1ª DESCULPA BÁSICA:
"NÃO SEI O IDIOMA DELES".

Ora, a barreira do idioma é uma desculpa impressionante. E tem de ser a melhor neste capítulo. Se você está sentado próximo a pessoas que falam somente chinês ou francês, não tem oportunidade de compartilhar nada com elas e, muito menos, as boas-novas sobre o Cristo e a alma dessas pessoas. É claro que você terá de aprender uma nova língua, para que seja capaz de compartilhar o evangelho com muitas outras pessoas. Você deve levar consigo Bíblias ou literatura evangelística em outros idiomas para dar, quando tiver oportunidade. Desde a Torre de Babel, "Eu não sei" tem sido uma das mais legítimas desculpas que podemos imaginar. Paulo advertiu os cristãos de Corinto quanto à inutilidade de falar palavras ininteligíveis para alguém (1 Co 4.10-11, 16, 23). Afinal de contas, todo o propósito de usar palavras é ser entendido!

2ª DESCULPA BÁSICA:
"A EVANGELIZAÇÃO É ILEGAL".

Em alguns lugares, evangelizar *é* uma prática ilegal. No mundo, existem países em que reinam tiranias das trevas. Podem ser ateístas ou islâmicas, seculares ou até cristãs (de nome). Todavia, em muitos países compartilhar o evangelho bíblico é proibido. E, com certeza, ele não pode ser crido por aqueles que não são cristãos confessos! Nesses países, você pode sair e evangelizar uma vez. A segunda ou terceira vez pode ser impedida por pressão social, ou leis, ou detenção, ou armas. Não muitos dos que lêem este livro estão provavelmente nessa condição.

3ª DESCULPA BÁSICA:
"A EVANGELIZAÇÃO CAUSA PROBLEMAS NO TRABALHO".

Mesmo em países onde a evangelização é legalmente permitida, muitos de nós trabalhamos em empresas cujos patrões nos pagam para terem certa quantidade de tarefas realizadas; e eles têm uma expectativa legítima. Durante as horas de trabalho, talvez a nossa evangelização distraia as pessoas, ou reduza nossa produtividade, ou faça outras coisas que causem em nossos patrões uma preocupação válida. Certamente não queremos que o compartilhar o evangelho traga má reputação para nós ou para o evangelho por alguma razão que não seja discordância para com a própria mensagem. Entendemos que todos estão, por natureza, em inimizade com Deus; mas não queremos dar às pessoas razões para se oporem ao nosso evangelho. Não queremos que a nossa evangelização seja um obstáculo ao *evangelho* – as boas-novas.

4ª DESCULPA BÁSICA:
"OUTRAS COISAS PARECEM MAIS URGENTES".

Há tantas outras coisas a fazermos em determinado dia. Temos de cuidar da família e fazer planos para o fim de semana. O trabalho tem de ser feito, e as contas, pagas. Estudar, cozinhar, limpar, fazer compras, retornar as ligações telefônicas, escrever e-mails, ler, orar – eu poderia continuar falando sobre todas as coisas boas que precisamos fazer. E muitas dessas coisas são sensíveis ao tempo. Se eu tiver um desentendimento com a esposa, preciso resolvê-lo imediatamente. Se o bebê estiver chorando, tenho de levá-lo para casa neste momento. Se o trabalho da faculdade é para amanhã, preciso começar a escrevê-lo hoje mesmo. Se não temos comida para a noite, tenho de fazer compras e cozinhar agora. É lícito que, além da evangelização, eu faça e honre muitos compromissos da vida. Contudo, os nossos outros compromissos se tornam às vezes tão numerosos – ou os interpretamos assim – que não temos tempo de evangelizar? Se estamos muito ocupados, como estamos administrando as coisas para que tenhamos tempo de evangelizar?

5ª DESCULPA BÁSICA: "NÃO CONHEÇO NÃO-CRISTÃOS".

Isolamento dos incrédulos pode ser a desculpa mais comum para a falta de evangelização. Essa é a desculpa preferida de cristãos maduros. Quando penso sinceramente em minha própria vida, percebo que tenho poucos relacionamentos significativos com não-cristãos. Sou um pastor e, na maior parte de meu trabalho, não tenho pessoas não-cristãs ao meu redor. Estou ocupado escrevendo sermões, aconselhando, planejando, treinando outros cristãos, respondendo chamadas telefônicas – até escrevendo um livro sobre evangelização! Estou geralmente indisponível às pessoas, exceto para os membros de minha igreja, durante o dia, ou minha família, à noite. Estou realmente absorvido em relacionamentos cristãos e creio que sou chamado para isso.

No entanto, como encaixar a evangelização em casos semelhante ao meu? Se você é uma jovem dona de casa que tem filhos, ou um cristão idoso, aposentado, que tem dificuldades para estabelecer novos relacionamentos, então você também sabe algo a respeito deste desafio. Se você é um novo cristão, talvez já foi aconselhado (sabiamente) a estabelecer amizades significativas com outros cristãos. E, se você já é um cristão por algum tempo, provavelmente já esteja ocupado em servir na igreja, gastando seu tempo em instruir cristãos mais novos. Uma das melhores decisões que podemos fazer é orar e conversar com um amigo cristão sobre a maneira como podemos cumprir de modo legítimo nossos papéis na igreja, no lar e no trabalho, enquanto, ao mesmo tempo, procuramos conhecer e falar com os não-cristãos.

DESCULPAS CONCERNENTES A ELES

Outro grupo de desculpas relaciona-se com os problemas que você e eu achamos que os outros terão quando falarmos de Cristo para eles. Quantas vezes se formam em minha mente estas desculpas mais sutis e requintadas, quando penso em compartilhar o evangelho com alguém? "As pessoas não querem ouvir." "Não se interessarão." "Talvez já conheçam o evangelho." "Provavelmente não dará resultado. Duvido que eles crerão." Não levo em conta o poder do evangelho e me vejo envolvido em uma maneira de pensar erroneamente desanimadora.

Evidentemente, devo considerar quão fiel é tudo isso.

Como Paulo disse aos coríntios: "Quem é que te faz sobressair? E que tens tu que não tenhas recebido?" (1 Co 4.7). Por que pensamos que respondemos ao evangelho e outra pessoa não responderia? Você ainda não percebeu que Deus salva alguns dos mais improváveis convertidos? Se você não tem certeza disso, considere alguns de seus amigos convertidos. Considere a sua própria conversão. Jonathan Edwards deu a um relato do Grande Despertamento o título de "A Narrative of Surprising Conversions" [*Uma Narrativa de Conversões Surpreendentes*]. De fato, em um sentido, todas as conversões são surpreendentes: inimigos são amados, os alienados são adotados, os que deveriam ser punidos tornam-se herdeiros da vida eterna. É exatamente essa natureza radical e surpreendente da conversão que deve encorajar-nos à evangelização. Deus pode salvar qualquer pessoa. E, quanto mais improvável isso pareça, tanto mais glória (podemos até raciocinar) ele recebe quando a conversão acontece.

O ÂMAGO DA QUESTÃO: PLANEJE PARAR DE NÃO EVANGELIZAR

Estamos nos aproximando do âmago de grande parte de nossa falta de evangelização. O que acontece conosco quando não evangelizamos? Pensemos em doze passos que podemos tomar: orar, planejar, aceitar, entender, ser fiel, correr o risco, preparar, ver, amar, temer, parar e considerar.

1) Ore. Acho que muitas vezes não evangelizamos porque fazemos tudo em nossa própria capacidade. Tentamos deixar Deus fora do assunto. Esquecemos que é vontade e prazer dele que o evangelho seja conhecido. Deus quer que pecadores sejam salvos. Em palavras simples, não oramos por oportunidades de compartilhar o evangelho. Então, por que devemos ficar surpresos se as oportunidades não nos vêm? Se você não evangeliza porque acha que não tem oportunidades, ore e admire-se quando Deus responder às suas orações.

2) Planeje. Como já consideramos, às vezes não queremos evangelizar porque pensamos: "Estou muito ocupado com outras coisas boas. Essas coisas são maneiras legítimas de gastar meu tempo. Por isso, não tenho tempo para evangelizar agora. Quando minha saúde melhorar... eu terminar minha tese... meu filho estiver na escola... meu marido se aposentar... eu receber promoção... ela estiver em melhor estado de espírito, então...", dizemos, "compartilharei o evangelho". Para lutar contra desculpas como essas, precisamos planejar a separação de tempo para estabelecermos relacionamentos ou nos colocarmos em posições em que seremos capazes de conversar com não-cristãos. Fazemos planos para tantas coisas menos importantes; por que não os fazemos para a evangelização?

3) Aceite. Temos de aceitar o fato de que a evangelização é nossa tarefa. Consideraremos isso melhor no capítulo 3. Agora, apenas reconheçamos que às vezes não evangelizamos porque achamos que isso não é nossa tarefa. Achamos que isso é tarefa de pregadores ou de alguém que é treinado e pago para fazê-lo. Mas, se vamos evangelizar, precisamos reconhecer como nos temos esquivado de nosso dever e ajustar-nos para aceitar a responsabilidade pela evangelização. Devemos ser os cristãos mais próximos de um incrédulo específico. Talvez ele tenha uma tia ou tio cristão, um amigo ou um empregado cristão que esteja orando por ele. Talvez sejamos a resposta dessas orações. Devemos aceitar, podemos aceitar, temos de aceitar o maravilhoso papel que Deus nos designou como evangelistas na vida de outras pessoas!

4) Entenda. Parte de nosso fracasso em evangelizar resulta de uma falta de entendimento. Deus não usa tanto os dons na evangelização (embora haja um dom bíblico de evangelista), e sim a fidelidade de milhares e milhares de cristãos que jamais diriam que têm o dom de evangelizar. Sua conclusão de que você não possui dom para uma tarefa específica não o exime da responsabilidade de obedecer. Você pode chegar à conclusão de que evangelizar não é o seu dom, mas continua sendo o seu dever. Não ter o dom de misericórdia não nos isenta, de modo algum, de sermos misericordiosos. Todos os cristãos devem exercer misericórdia; alguns deles serão particularmente dotados em fazer isso, de modos especiais, em certas ocasiões, porém todos devem ser misericordiosos. Deus pode abençoar e usar de modo incomum um Pedro, um Filipe, um Whitefield, um Spurgeon, um Hudson Taylor e um Adoniram Judson, mas ele chama todos nós a compartilharmos as boas-novas.

5) Seja fiel. Talvez precisemos equilibrar novamente as nossas lealdades. Pode acontecer que estamos sendo muito educados e, por isso, infiéis a Deus nesta área. Talvez estejamos mais preocupados com a reação das pessoas do que com a glória de Deus. Talvez estejamos mais preocupados com os sentimos delas do que com os de Deus. Deus não gosta de ter a sua verdade suprimida, e isso é o que os não-cristãos estão fazendo (Rm 1.18). Boas maneiras não são desculpa para infidelidade em relação a Deus, mas as temos usado com muita freqüência.

6) Corra o risco. Relacionada a atitude de ser fiel, está a de correr o risco. Obedeçamos mesmo que não estejamos certos da resposta. Talvez você não evangelize porque é tímido. Você não gosta realmente de conversar muito com os outros, em especial quando tem de falar sobre coisas que os deixa incomodados. Parece fatigante e perigoso. Talvez você prefira deixar que outro, alguém que se sente mais confortável, faça a evangelização. Mas, você pode convidar incrédulos para uma reunião em que eles ouviriam o evangelho? Pode compartilhar com eles um livro útil ou um testemunho de sua própria vida? Pode se tornar amigo deles para que, no futuro, compartilhe mais naturalmente o evangelho com eles? Precisamos estar dispostos a correr o risco a fim de que evangelizemos.

7) Prepare. Às vezes, não evangelizamos porque achamos que estamos despreparados ou mal equipados. Talvez não saibamos como fazer a transição da conversa. Ou talvez pensemos que em nossa ignorância falhamos nisso e, realmente, causamos prejuízo espiritual às pessoas por desacreditarmos o evangelho diante delas. Temamos a nossa ignorância. Achamos que nos cumpre fazer o evangelho parecer sensível às pessoas ou que devemos responder todas as perguntas delas. Assim, tendo essas expectativas elevadas, decidimos que não podemos satisfazê-las e negligenciamos a evangelização. Em vez disso, poderíamos nos preparar por conhecer o evangelho, desenvolver humildade e estudar mais. Assim como podemos planejar ter tempo, assim também podemos nos preparar para sermos capazes de usar bem as oportunidades quando elas surgirem.

8) Veja. Você já orou por alguma coisa e ficou surpreso quando ela lhe foi dada? Eu já tive essa experiência. E acho que isso significa que eu não estava esperando que Deus respondesse a minha oração. Talvez o mesmo se aplique à evangelização. Talvez já orei por oportunidades, mas não esperei por elas. Talvez fui descuidado quando elas chegaram.

A maneira como sou descuidado pode variar. Às vezes, não vejo as oportunidades porque estou ocupado. Afinal de contas, a evangelização pode consumir tempo e ser inconveniente. Ou talvez eu esteja muito cansado. Talvez gastei toda minha energia em entretenimento pessoal, ou trabalho, ou qualquer outra coisa, exceto com aquele não-cristão com quem eu podia conversar. Por isso, nem ao menos percebo a oportunidade.

Talvez a minha negligência das oportunidades seja habitual. Talvez eu seja preguiçoso, tendo mais cuidado em não ser perturbado e inquietado do que em compartilhar o evangelho com uma pessoa. Em poucas palavras, talvez eu seja egoísta. Não vejo a oportunidade porque não estou disposto a ser incomodado. Creio que isso significa, em última análise, que sou apático. Minha cegueira em relação à provisão de Deus é voluntária. Não considero a realidade e a finalidade da morte, do julgamento e do inferno. Por isso, não percebo a realidade e a triste condição das pessoas que estão diante de mim. Temos não somente de fechar os olhos em oração para pedir oportunidades, mas também de abri-los, depois, para vê-las.

9) Ame. Somos chamados a amar os outros. Compartilhamos o evangelho porque amamos as pessoas. Deixamos de compartilhar o evangelho porque não amamos as pessoas. Em vez de amá-las, nós as tememos erroneamente. Não queremos causar embaraço. Queremos o respeito delas e, afinal de contas, imaginamos, se tentarmos compartilhar o evangelho com elas, pareceremos tolos! E, por isso, ficamos quietos. Protegemos nosso orgulho ao custo da alma dos incrédulos. Em nome de não querermos parecer esquisitos, ficamos contentes em ser cúmplices do fato de que continuem perdidos. Como disse um amigo: "Não quero ser o cristão estereótipo em um avião".

Essa atitude me caracteriza freqüentemente. Meu coração é frio para com as outras pessoas. Tenho amor próprio distorcido e um deficiente amor pelos outros. E, para demonstrar isso, deixe dizer-lhe: enquanto escrevia este capítulo, um amigo não-cristão telefonou-me porque desejava falar comigo. Conversamos por trinta minutos, durante os quais estive impaciente, desejando retornar à escrita deste livro sobre evangelização. Ah! Desventurado homem que sou! Quem me livrará deste corpo de indiferença? Se queremos evangelizar mais, temos de amar mais as pessoas.

10) Tema. Devemos temer, mas o nosso temor deve ser direcionado não ao homem, e sim a Deus. Quando não compartilhamos o evangelho, estamos recusando viver no temor do Senhor. Não estamos considerando a Deus nem a sua vontade como normas únicas e essenciais de nossas ações. Temer a Deus significa amá-lo. Quando aquele que é nosso todo-poderoso Criador e Juiz se torna nosso misericordioso Redentor e Salvador, achamos o objeto perfeito para toda a devoção de nosso coração. E essa devoção nos levará a compartilhar estas boas-novas de Cristo com os outros. Devemos orar pedindo a Deus que desenvolva em nós um amor e um temor maiores para com ele.

11) Pare. Devemos parar de culpar a Deus. Devemos parar de isentar-nos da evangelização com base no fato de que Deus é soberano. Levando em conta a onipotência divina, não devemos concluir que nossa obediência é inútil. Pelo contrário, devemos entender, pela Palavra de Deus, que ele chamará para si mesmo um grande número de pessoas de cada tribo, língua e nação; isso nos encorajará na evangelização. Encorajou Paulo em Corinto quando ele estava desanimado (ver Atos 18). E, se você entender que a conversão resulta de proclamar o evangelho e da obra do Espírito, você parará de tentar fazer a obra do Espírito e se dedicará à proclamação do evangelho.

Não saber tudo não significa que não sabemos alguma coisa! Somos incapazes de responder todas as perguntas a respeito de como a soberania de Deus e a responsabilidade humana se harmonizam, mas podemos certamente crer que elas se harmonizam. Foi Paulo quem escreveu uma das mais claras passagens bíblicas sobre a soberania de Deus (Romanos 9) e, em seguida, escreveu um dos mais pungentes textos bíblicos sobre a responsabilidade do homem na evangelização (Romanos 10). Ele acreditava que ambas as coisas eram verdadeiras. Portanto, quem somos nós para culpar a Deus por nosso silêncio pecaminoso?

12) Considere. O escritor da Epístola aos Hebreus disse: "Considerai, pois, atentamente, aquele que suportou tamanha oposição dos pecadores contra si mesmo, para que não vos fatigueis, desmaiando em vossa alma" (Hb 12.3). Quando não consideramos suficientemente o que Deus fez por nós em Cristo – o custo elevado dessa obra, o seu significado e a importância de Cristo para nós –, perdemos o ânimo para evangelizar. Nosso coração se torna frio, nossa mente alimenta pensamentos menos importantes (fica mais preocupada com interesses passageiros), e nossos lábios silenciam. Considere o quanto Deus nos tem amado. Considere que Deus é glorificado pelo nosso falar do seu maravilhoso amor aos outros. E considere que, em vez de anunciarmos a bondade Deus no evangelho, nos envolvemos em conspiração de silêncio. Acabamos por revelar-nos como frios para com Deus.

Se queremos ser mais fiéis na evangelização, devemos alimentar a chama de nosso amor para com Deus, bem como a chama da gratidão e da esperança. Um fogo inflamado por Deus não terá qualquer dificuldade em acender nossa língua. Como Jesus disse: "A boca fala do que está cheio o coração" (Mt 12.34). Quanta evangelização está fluindo de nossos lábios? O que isso sugere a respeito de nosso amor para com Deus?

Quanto a isso, por que devemos amá-lo assim? Isso nos leva a considerar o que é exatamente a mensagem que desejamos compartilhar. O que é que incendeia o nosso coração? Queremos considerar isso no próximo capítulo.

CAPÍTULO 2

O QUE É O EVANGELHO?

Meus amigos sabem que eu gosto de leituras. Por isso, às vezes no Natal eu ganho calendários com histórias ou leituras interessantes. Não posso lembrar em que calendário eu li o seguinte relato, mas fiquei muito impressionado e o anotei. Não sei se é verdade ou não, mas é uma grande ilustração sobre a importância de acertar a história de sua vida.

De acordo com este relato, pouco mais de cem anos atrás o editor de um jornal inglês abriu uma cópia de seu jornal – quando a edição já estava à venda – e descobriu nele uma mistura tipográfica involuntária e embaraçosa de duas histórias: uma se referia a uma máquina patenteada de matar porcos e fazer lingüiça; a outra dizia respeito a um ajuntamento em honra de um clérigo local, o reverendo Doutor Mudge, que na ocasião foi presenteado com uma bengala de castão de ouro. Uma parte da notícia dizia o seguinte:

Vários dos amigos do Rev. Dr. Mudge o chamaram ontem, e, depois de uma conversa, o porco inocente foi apanhado pelas pernas traseiras e descido por uma corda, até que chegou ao tanque de água quente... Então, ele veio para frente e disse que havia épocas em que os sentimentos dominavam uma pessoa, e, por essa razão, ele não tentaria fazer nada além de agradecer aos que estavam ao seu redor pela maneira como o grande animal foi cortado em pedaços, o que foi simplesmente admirável. O doutor concluiu suas observações, quando a máquina o apanhou, e, em menos tempo do que o necessário para escrever isso, o porco foi cortado em fragmentos e transformado em uma deliciosa lingüiça. A ocasião será lembrada por muito tempo pelos amigos do doutor como uma das mais prazerosas de suas vidas. Os melhores pedaços podem ser comprados ao preço de dez centavos a onça, e estamos certos de que aqueles que, durante muito tempo, têm sido abençoados pelo ministério do doutor se regozijarão com o fato de que ele tenha sido tratado de maneira tão amável.

O cristianismo são notícias. O cristianismo são as boas notícias — de fato, as melhores notícias que o mundo já ouviu. Mas essas notícias – mais importantes do que a história do reverendo Dr. Mudge ou da máquina de lingüiça – podem ser igualmente misturadas e confundidas. Aquilo que passa por evangelho se torna, com muita freqüência, um revestimento finíssimo esparramado superficialmente sobre os valores de nossa cultura, sendo moldado e conformado aos contornos de nossa cultura, e não à verdade de Deus. A verdadeira história, a verdadeira mensagem, se perde.

Esta idéia de boas notícias não é um acondicionamento posterior do cristianismo. Jesus Cristo falou sobre as boas notícias. E, ao falar nesses termos, ele retrocedeu à linguagem das profecias de Isaías, usadas centenas de anos antes (Is 52.7; 61.1). Não importando o que Jesus possa ter dito em aramaico, os crentes e os próprios apóstolos gravaram a afirmação dele usando a palavra grega *euangelion* – literalmente, boas-novas.

O que são exatamente estas boas-novas? Neste capítulo, queremos contar a verdade sobre a história; queremos tornar as notícias corretas. Qual é a mensagem que nós, crentes, temos para proclamar? Elas são "Tudo está bem comigo"? Ou: "Deus é amor"? Ou: "Jesus é meu amigo"? Ou: "Devo viver corretamente"? O que são as boas-novas de Jesus Cristo?

AS BOAS-NOVAS NÃO SÃO APENAS QUE TUDO ESTÁ BEM CONOSCO

Talvez você já ouviu falar sobre o livro intitulado *I'm OK, You're OK*[1] (Eu Estou Bem, Você Está Bem.), que agora tem quase quarenta anos. Algumas pessoas parecem imaginar que o cristianismo é essencialmente uma sessão de terapia religiosa, na qual nos assentamos e procuramos

---
1 HARRIS, Thomas A. *I'm okay, you're okay*: a practical guide to transitional analysis. New York: Avon, 1969.

ajudar uns aos outros a nos sentirmos melhor a respeito de nós mesmos. Os bancos são divãs, o pregador faz perguntas, e o texto a ser exposto é o próprio ego do ouvinte. Mas, depois de havermos sondado as profundezas de nossa alma, por que ainda continuamos a nos sentir vazios? Ou sujos? Existe algo a respeito de nós e de nossa vida que está incompleto ou mesmo errado?

Lembro-me de ter ouvido uma celebridade sendo entrevistada em um programa de televisão depois da morte de uma amiga íntima. Chorando, ela exclamou: "Por que morrem as pessoas que eu amo?" Sim, por quê? A Bíblia rejeita completamente a idéia de que estamos bem, de que a condição do homem é excelente, de que todas pessoas têm apenas necessidade de aceitar sua condição presente, sua finitude e suas imperfeições ou de que precisamos somente ver o lado brilhante das coisas.

A Bíblia ensina que em nossos primeiros pais, Adão e Eva, todos nós fomos seduzidos a desobedecer a Deus. Portanto, não somos justos nem estamos em um bom relacionamento com Deus. Na verdade, nosso pecado é tão sério que, conforme Jesus ensinou, precisamos de um novo nascimento (João 3); e Paulo ensinou que precisamos ser criados novamente (1 Coríntios 15). Como lemos em Efésios 2, estamos *mortos* em nossos delitos ofensas e pecados.

Você sabe o que são delitos – são pecados representados no sentido de transpor um limite. Em nossa época, Michel Foucalt viveu, assim como o Marquês de Sade antes dele, para transpor os limites. Existe o pensamento de que

Foucalt procurava deliberadamente contaminar outros com o vírus da Aids, que ele contraíra e do qual morreu. Os banheiros públicos de São Francisco se tornaram os lugares onde Foucalt transpôs não somente os limites de respeito à sexualidade, mas também os de respeito à própria vida. Transgressões. Cruzar a linha.

Nossas transgressões talvez não pareçam tão ousadas ou ofensivas, mas são letais ao nosso relacionamento com Deus. Paulo disse em Romanos 6.23 que "o salário do pecado é a morte". Podemos entender melhor essa verdade por nos voltarmos à Epístola de Tiago. Ele disse: "Qualquer que guarda toda a lei, mas tropeça em um só ponto, se torna culpado de todos. Porquanto, aquele que disse: Não adulterarás também ordenou: Não matarás. Ora, se não adulteras, porém matas, vens a ser transgressor da lei" (Tg 2.10-11).

Observe quão sério é cada pecado. A ênfase de Tiago é que as leis de Deus não são apenas estatutos externos, aprovados e publicados por um Congresso no céu e impostas por Deus. A lei de Deus é a expressão do caráter do próprio Deus. Transgredir esta lei, viver contra ela, significa viver contra Deus.

Se minha esposa pede que eu vá à loja e compre um item específico, mas, em vez disso, eu retorno sem o item e sem qualquer desculpa razoável (como: "O estoque desse produto estava esgotado", "Não pude achá-lo", "Deveríamos usar este"). Eu simplesmente decidi não trazê-lo, e isso se refletirá em nosso relacionamento.

A Bíblia apresenta a Deus não somente como nosso

Criador, mas também como Aquele que nos ama intensamente. Ele quer *tudo* de nós. Pensar que, às vezes, podemos desconsiderá-lo, deixar de lado os seus caminhos, quando isso nos convém, significa mostrar que não entendemos toda a natureza de nosso relacionamento com Deus. Não podemos dizer que somos crentes e, ao mesmo tempo, quebrar de modo consciente, alegre e repetitivo a lei de Deus.

Mas esse é o nosso estado. Temos cruzado os limites que Deus estabeleceu com retidão para a nossa vida. Temos contrariado tanto a letra como o espírito de suas instruções para nós. E não somente nos sentimos culpados, *somos* realmente culpados diante de Deus. Não temos apenas conflito em nosso íntimo, *estamos* em conflito com Deus. Quebramos freqüentemente as leis de Deus; e fazemos isso porque somos, como nos diz Efésios 2, mortos em delitos e pecados.

Ora, isso pode parecer bastante cruel para ser, de algum modo, relacionado àquilo que chamamos de "boas-novas". Mas não há dúvida de que uma compreensão exata da situação em que estamos é essencial para chegarmos aonde precisamos estar. Acredito que um dos primeiros estágios de tornar-se um crente envolve a compreensão de que nossos problemas não são fundamentalmente que bagunçamos a nossa própria vida ou que temos falhado em atingir o nosso pleno potencial, e sim que temos pecado contra Deus. Por isso, agora começamos a perceber que somos, com justiça, o objeto da ira de Deus, do seu juízo – que merecemos a morte, a separação de Deus, a alienação espiritual de Deus agora e para sempre.

Isso é o que os teólogos chamam de depravação. É a morte que merece a morte.

Você percebe que a razão por que todas estas coisas erradas são bastante trágicas? São pecados cometidos contra um Deus perfeito, santo e amável. São pecados cometidos por criaturas feitas à imagem dele.

O verdadeiro cristianismo é realista quanto ao lado obscuro de nosso mundo, nossa vida, nossa natureza, nosso coração. No entanto, o verdadeiro cristianismo não é pessimista por completo ou moralmente apático, encorajando-nos apenas a assentar-nos e aceitar a verdade nua e crua. Não, as novas que nós, cristãos, temos de anunciar são importantes e tremendas não somente porque nossa depravação é abrangente e nosso pecado, disseminado, mas também porque os planos de Deus para nós são maravilhosos, diferentes.

Quando começamos a compreender isso, nos tornamos agradecidos pelo fato de que o cristianismo não é, em última análise, uma mensagem a respeito de amenizar os sofrimentos da vida ou a respeito de despertar-nos para a vida e ensina-nos a viver bem. O cristianismo nos ensina a viver com um anseio por transformação, uma fé crescente, uma esperança firme e segura quanto ao que há de vir.

AS BOAS-NOVAS NÃO SÃO APENAS QUE DEUS É AMOR

Outras vezes, podemos ouvir o evangelho apresentado apenas como a mensagem de que "Deus é amor". Ora, isso parece o título de uma notícia do jornal de Oklahoma: "O clima frio faz a temperatura a cair". Bem, isso pode ser verdade, mas é tão óbvio que alguma coisa pode estar faltando ou ter sido omitida.

É verdade que "Deus é amor". Até na própria Bíblia! "Deus é amor" (1 Jo 4.8). Mas há um perigo em dizer isso como se fosse auto-evidente.

Talvez possamos obter alguma idéia do que é o amor quando, como pais, dizemos aos nossos filhos, por alguma boa razão da qual estamos inconscientes, que eles não podem fazer algo que querem fazer. E qual a resposta que obtemos freqüentemente? "Se você me *amasse*, me *deixaria* fazer isso". Ora, isso é argumentação errada! É uma falácia que pode ser tão sutil quanto é significativa. O amor nem sempre permite. De fato, às vezes o amor previne e, às vezes, pune.

Se dizemos: "Deus é amor", o que pensamos sobre o amor divino?

Além disso, amor é tudo o que a Bíblia diz que Deus é? A Bíblia não diz que Deus é Espírito? Como um Espírito ama? A Bíblia não diz que Deus é santo? Como um Espírito Santo ama? A Bíblia não diz que Deus é único e que não há ninguém semelhante a Ele? Como você pode saber isso, se Deus mesmo não lhe disser? Pode imaginá-lo, conjecturá-lo e supô-lo a partir de sua própria experiência? Ou pode delinear o modo de ser desse amor com base em seu próprio coração?

João Calvino disse: "É evidente que nenhum homem pode chegar ao verdadeiro conhecimento de si mesmo, sem primeiro ter contemplado o caráter de Deus e, em seguida, descido à consideração de seu próprio caráter. Pois o nosso orgulho inato é tal que estimamos invariavelmente a nós mesmos como pessoas justas, inocentes, sábias e santas, até que somos convencidos, mediante provas incontestáveis, de nossa injustiça, maldade, tolice e impureza. Todavia, nunca somos convencidos disso enquanto confinamos nossa atenção em nós mesmos e não consideramos o Senhor, que é o único padrão pelo qual este julgamento deve ser formado".[2]

Esta é uma dentre outras coisas importantes que devemos observar: Deus se revela a si mesmo como o Deus que exige santidade de todos os que desejam ter um relacionamento de amor com ele. Como a Bíblia diz: "Segui a paz com todos e a santificação, sem a qual ninguém verá o Senhor" (Hb 12.14). É somente no contexto de entendermos algo sobre o caráter de Deus, de sua justiça e perfeição que começamos a entender a profunda natureza do significado de dizermos que Deus é verdadeiramente amor. E seu amor possui uma profundidade, uma consistência, uma plenitude e uma beleza tal, que, em nosso estado presente, podemos apenas admirar.

AS BOAS-NOVAS NÃO SÃO APENAS QUE JESUS QUER SER NOSSO AMIGO

Outras vezes, o evangelho é apresentado apenas como a mensagem de que "Jesus quer ser nosso amigo" ou, como uma variação disso, "Jesus quer ser nosso exemplo".

---

[2] CALVIN, John. *Institutes of the christian religion*, 2 vols. In: MCNEIL, John T. (Ed.). The Library of Christian Classics, vol. 20. Philadelphia: Westminster Press, 1960. 1.1.35.

No entanto, o evangelho cristão não é apenas uma questão de auto-ajuda, ou de um grande exemplo, ou de um relacionamento a ser cultivado. Há um passado concreto que temos de acertar – pecados que cometemos e culpas em que incorremos. O que deve ser feito? O que o nosso Deus santo fará? Se ele, em seu amor, deseja ter um povo para si mesmo, como resolverá esta situação sem comprometer a sua própria santidade?

Deus virá em carne e nos fará saber que nosso pecado contra ele não é muito importante? Deus o perdoará e o esquecerá? Como isso afetará a moralidade de Deus? O que isso causará no caráter daquele que nos ama?

O que Jesus quer? O que ele veio fazer neste mundo? Quando estudamos os evangelhos, o que nos causa admiração é o fato de que vemos Jesus escolhendo morrer. Foi isso que ele apresentou como o âmago de seu ministério; e não o ensinar, nem o ser um exemplo. Como ele mesmo disse: "O próprio Filho do Homem não veio para ser servido, mas para servir e dar a sua vida em resgate por muitos" (Mc 10.45). Jesus ensinou que sua escolha de glorificar seu Pai, por meio da morte na cruz, era central ao seu ministério. Portanto, não é surpreendente que o foco e o âmago do relato de todos os quatro evangelhos seja a crucificação de Cristo.

Mas o que isso significa? Por que um acontecimento que parece horrível seria o foco de algo chamado "boas-novas"?

Com as palavras do próprio Senhor Jesus, o Novo Testamento começou a explicar esse acontecimento antes mesmo que ele se realizasse. Jesus entreteceu duas linhas de profecia do Antigo Testamento (Mc 8.27-38), que, conforme sei, não haviam sido colocadas juntas até àquele momento – quando ele se apresentou como uma combinação de Filho do Homem (Daniel 7) e o Servo Sofredor (Isaías 53).

Os apóstolos aprenderam de Jesus, com clareza, como deviam entender sua morte na cruz. E, para ensinar isso aos cristãos, o Espírito Santo inspirou várias figuras no Novo Testamento que nos transmitem a realidade: Jesus como um sacrifício, uma redenção, uma reconciliação, uma justificação legal, uma vitória militar e uma propiciação.

Nessa linguagem de figuras do Novo Testamento nada se refere a algo que seja meramente potencial, uma possibilidade ou uma opção. Pelo contrário, cada figura se refere a algo que cumpre realmente a sua finalidade ou propósito. Por exemplo, como poderíamos dizer que Deus e pecadores são reconciliados se esses "pecadores reconciliados" fossem lançados no inferno? Que tipo de propiciação existiria se a ira de Deus não foi mitigada? Que tipo de redenção haveria se os reféns não foram libertados? O principal ensino de todas essas figuras é que o benefício tencionado não somente se tornou possível, mas também garantido, não pelo simples ministério de ensino de Cristo, e sim por intermédio de sua morte e sua ressurreição.

Não podemos evitar o fato de que o âmago do ministério de Cristo era a sua morte na cruz e de que o âmago dessa morte era a certeza de que Deus estava lidando de modo eficaz com as reivindicações de seu amor e de sua justiça. Muito dessas figuras – sangue, compra, vitória – aparece reunido na magnificência da visão final dada por Deus ao apóstolo João:

> Um dos anciãos me disse: Não chores; eis que o Leão da tribo de Judá, a Raiz de Davi, venceu para abrir o livro e os seus sete selos. Então, vi, no meio do trono e dos quatro seres viventes e entre os anciãos, de pé, um Cordeiro como tendo sido morto... Veio, pois, e tomou o livro da mão direita daquele que estava sentado no trono; e, quando tomou o livro, os quatro seres viventes e os vinte e quatro anciãos prostraram-se diante do Cordeiro, tendo cada um deles uma harpa e taças de ouro cheias de incenso, que são as orações dos santos, e entoavam novo cântico, dizendo:
> Digno és de tomar o livro e de abrir-lhe os selos, porque foste morto e com o teu sangue compraste para Deus os que procedem de toda tribo, língua, povo e nação.
> (Ap 5.5-9)

Cristo não é apenas nosso amigo. Chamá-lo apenas de amigo significa maculá-lo com elogio tímido. Ele é nosso amigo, porém é muito mais do que isso! Por meio de sua morte na cruz, Jesus se tornou o cordeiro que foi morto por nós, nosso redentor, aquele que fez a paz entre nós e Deus; aquele que tomou para si mesmo a nossa culpa; aquele que venceu nossos inimigos mais letais e aplacou a ira pessoal e justa de Deus.

AS BOAS-NOVAS NÃO SÃO QUE DEVEMOS VIVER CORRETAMENTE

Um erro muito comum é confundir o evangelho com "viver corretamente". Às vezes, as pessoas acham que as boas-novas, a mensagem da Bíblia, é apenas que devemos viver com moralidade. Às vezes, o cristianismo é apresentado como nada mais do que virtudes pessoais e públicas. Pensa-se que os crentes ocupam-se apenas em *fazer* coisas religiosas: Batismo, Ceia do Senhor e ir à igreja. A vida cristã é imaginada como que consistindo de obedecer aos Dez Mandamentos e à Regra Áurea (Mt 7.12), ler a Bíblia e orar. Ser cristão, imagina-se, significa trabalhar pelo bem da comunidade, ajudar os outros, contribuir para refeições dadas a pessoas carentes e não demolir os prédios históricos, para dar lugar a estacionamentos.

No entanto, embora pareça bastante admirável para aqueles que pensam dessa maneira, o evangelho bíblico não é fundamentalmente a respeito de nosso amor ou nosso poder. Ser um cristão não é apenas viver em amor, ou viver pelo poder do pensamento positivo, ou fazer qualquer coisa que pudermos fazer. O evangelho exige uma resposta mais radical do que qualquer destas coisas conseguiria. O evangelho não é apenas um aditivo que pode tornar melhor as nossas vidas que já são boas. Não, o evangelho é uma mensagem de maravilhosas boas notícias para aqueles que reconhecem seu desespero justo diante de Deus.

O que o evangelho exige? O que você deve fazer

quando seu próprio senso de necessidade, seu entendimento a respeito de Deus e de Jesus Cristo, quando todas estas coisas surgem juntas? Deus nos chama a arrepender-nos de nossos pecados e crer somente em Cristo.

Com freqüência, encontramos o arrependimento e a fé mencionados juntos no Novo Testamento. Quando Paulo se reuniu com os líderes da igreja de Éfeso (essa reunião é relatada em Atos 20), ele resumiu deste modo a mensagem que havia pregado: "Testificando tanto a judeus como a gregos o arrependimento para com Deus e a fé em nosso Senhor Jesus [Cristo]" (At 20.21). Essa é a mensagem que Paulo e outros cristãos pregaram em todo o Novo Testamento.

Quando pessoas ouvem a verdade a respeito do seu pecado, da santidade de Deus, do seu amor em Cristo, da morte e ressurreição de Cristo em favor de nossa justificação, a mensagem exige uma resposta. E qual é essa resposta? É vir à frente? É preencher um cartão de decisão ou levantar a mão? É ter uma conversa com o pregador ou decidir ser batizado e unir-se à igreja? Embora algumas dessas coisas possam estar envolvidas, nenhuma delas é absolutamente necessária. A resposta às boas-novas é, como Paulo pregou, arrepender-se e crer.

Onde Paulo e os outros autores do Novo Testamento obtiveram essa mensagem? Se você ler as primeiras palavras do Evangelho de Marcos, você descobrirá a resposta. Eles a obtiveram de Jesus, que proclamava: "Arrependei-vos e crede no evangelho" (Mc 1.15). A resposta a essas novas é arrepender-se e crer.

Temos de pensar honestamente que as afirmações do evangelho são verdadeiras. No entanto, há mais do que isso no crer que salva. Por exemplo, você pode crer que o Salto Angel, na Venezuela, é quase vinte vezes mais alto do que as cataratas do Niágara; ou que uma teia de aranha aplicada em um ferimento ajudará a estancar o sangue; ou que os habitantes da Islândia lêem anualmente mais livros por pessoa do que os habitantes de qualquer outro país; ou que Chistopher Wren tinha apenas seis meses de treinamento como arquiteto. Mas nenhum desses tipos de "crer" expressa o que Jesus quis dizer em Marcos 1, quando exortou as pessoas a que cressem.

O crer que salva não é um mero assentimento intelectual; é um crer – um viver – no conhecimento dessas boas-novas. É um descansar em, um confiar em. Temos de concordar com o fato de que somos incapazes de satisfazer as exigências de Deus para nós, não importando quão boa seja a nossa vida moral. Devemos parar de confiar um pouco em nós e um pouco em Deus. Devemos chegar a compreender que temos de confiar plenamente em Deus, temos de confiar somente em Cristo para a nossa salvação. Esse verdadeiro crer e confiar faz a diferença. Portanto, esse crer exige não somente fé, mas também arrependimento.

O arrependimento e esse tipo de crer, ou fé, ou confiança, são as duas faces da mesma moeda. Você não pode ter a base (a fé) e depois, se quiser ser santo, começar a acrescentar algum arrependimento a essa base. Não, o arrependimento é aquilo que você faz quando começa a pensar dessa maneira e crê em Jesus com sua vida. Qualquer suposta fé sem essa mudança não é nada, senão uma base falsa. Como disse J. C. Ryle: "Existe um tipo de cristianismo comum e mundano hoje em dia, o qual muitos possuem e acham ser suficiente – um cristianismo barato que não ofende a ninguém, que não requer sacrifício, que não tem qualquer custo e que não exige qualquer preço".[3]

O arrependimento que Jesus exige está conectado com o crer nestas novas, porque, se elas são realmente "novas", não é surpreendente que você mude sua mente quando as ouve. A palavra traduzida por "arrependimento" é *metanoia*, que significa, literalmente, "mudar sua mente".

O verdadeiro cristianismo nunca é um simples acréscimo, não é um mero cultivo de algo que sempre tivemos. Pelo contrário, o verdadeiro cristianismo é, em certo sentido radical, uma mudança de rumo no sentido contrário. É uma mudança de rumo que todos os cristãos fazem como parte de seu confiar na obra consumada de Cristo, na cruz. Dizer que crê, sem *viver* como deveria, não é crer de conformidade com o sentido bíblico. E você pode comprovar a veracidade disso nos personagens bíblicos desde Abraão – o grande exemplo de fé – até ao próprio Jesus Cristo.

Mudamos a maneira como agimos; sim, mudamos. Mas o fazemos somente porque mudamos aquilo em que cremos. As boas-novas do cristianismo têm um conteúdo cognitivo.

---

[3] RYLE, J. C. *Santidade sem a qual ninguém verá o Senhor.* 2ª Ed. São José dos Campos, SP: Fiel, 2009. p. 195.

Não é simplesmente um entusiasmo religioso, nem uma profunda intuição pessoal. São novas, as boas-novas, as mais recentes. O evangelho é novas!

Em nossa igreja local, sempre peço que os candidatos a membros da igreja contem-me o evangelho em um minuto ou menos. Como você faria isso? Eis o que entendo a respeito destas boas-novas: as boas-novas são que o Deus único, que é santo, nos fez à sua imagem para que o conheçamos. No entanto, nós pecamos e nos separamos dele. Em seu grande amor, Deus se tornou homem em Jesus, viveu de modo perfeito e morreu na cruz, cumprindo ele mesmo a lei e tomando sobre si mesmo a punição pelos pecados de todos aqueles que se converteriam e creriam nele. Ele ressuscitou dos mortos, mostrando que Deus aceitou o sacrifício de Cristo e que a ira de Deus contra nós foi satisfeita. Ele agora nos chama a arrepender-nos de nossos pecados e crer somente em Cristo, a fim de obtermos perdão. Se nos arrependemos de nossos pecados e confiamos somente em Cristo, somos nascidos de novo para uma nova vida, uma vida eterna com Deus.

Ora, essas são as boas-novas.

São bastante complicadas para o cristão falar aos outros? Consideraremos isso no próximo capítulo.

CAPÍTULO 3

QUEM DEVE EVANGELIZAR?

"Não posso fazer o que você acabou de fazer."
"O quê?", eu respondi, sinceramente ignorante quanto à afirmação.
"Envolver uma pessoa numa conversa como essa."
Meu amigo era um cristão firme. Crescia rápido em sua vida espiritual; era, porém, um cristão bem mais novo do que eu. Além disso, ele tem, eu diria, uma personalidade equilibrada, enquanto eu sou um extrovertido incomum, o que traz bênçãos e desafios. Entretanto, a capacidade do extrovertido de falar com muitas pessoas é uma vantagem.

O que não é vantagem foi o que aconteceu com meu amigo – ele ficou com o sentimento de que não podia evangelizar. Prosseguimos e tivemos uma boa conversa sobre evangelização e suas recentes oportunidades, mas essa experiência me fez considerar o fato de que "clérigos", como eu, muitas vezes transmitem, voluntária ou involuntariamente, a impressão de que a evangelização deve ser deixada aos cuidados de profissionais. Afinal de contas, você não desejaria que qualquer pessoa fizesse uma cirurgia em você, desejaria? Não gostaria que sua conta bancária fosse investigada quando parasse para abastecer o carro, gostaria? Não entregaria o cuidado do talão de cheques da família ao seu filho de nove anos, entregaria? "Bem", você imagina, "não sou tão eloqüente como o pastor. Não posso pregar como ele. Não posso responder perguntas como ele".

E chega à conclusão fatal: "Não devo compartilhar o evangelho com os outros – pelo menos, não muito. E, quando o fizer, será somente com amigos mais próximos... e talvez somente depois de longo tempo.. e somente se eles me perguntarem primeiro... e somente se eu tiver realizado minha hora devocional naquele dia.. E somente se..."

De quem é a obra de evangelização? O Novo Testamento nos diz que há pessoas que têm o dom de evangelista (cf. Ef 4.11, At 21.8). Sabemos que em nossos dias existem pessoas que são chamadas de evangelistas. Às vezes, eles até abrem empresas que têm nomes como Associação Evangelística Fulano de Tal. Eles são os chamados a pregar as boas-novas?

Em Atos 4.29, lemos que Pedro orou: "Agora, Senhor, olha para as suas ameaças e concede aos teus servos que anunciem com toda a intrepidez a tua palavra". Essa oração se aplica somente aos pregadores? A evangelização é realmente a obra dos pastores? Paulo escreveu a Timóteo, um pastor, dizendo-lhe: "Faze o trabalho de um evangelista" (2 Tm 4.5). Os chamados e equipados devem tornar-se evangelistas profissionais? O restante de nós deve deixar a evangelização somente para os mais importantes? Os membros comuns de igrejas devem permanecer quietos e passivos, apenas convidando os outros a ouvir pastores, pregadores, preletores e outros evangelistas treinados? A nossa evangelização consiste apenas de convidar pessoas a vir aos cultos, e não de convidá-las diretamente a vir a Cristo?

O cristão comum está fazendo evangelização como o empregado típico que tenta fazer a contabilidade da empresa? Devem todos os crentes ser evangelistas ou devem deixar isso àqueles que se formaram em seminários ou faculdades teológicas?[1]

Embora esse tema de evangelização seja bastante difícil para muitos de nós, não podemos evitá-lo sem evitar a Bíblia. Passagens a respeito da propagação das boas-novas estão em toda a Bíblia. Paulo escreveu aos cristãos romanos: "Sou devedor tanto a gregos como a bárbaros, tanto a sábios como a ignorantes; por isso, quanto está em mim, estou pronto a anunciar o evangelho também a vós outros, em Roma" (Rm 1.14-15). Essas declarações são apenas afirmações da vocação de Paulo ou se aplicam igualmente a todos nós?

É claro que essas afirmações *eram* verdadeiras no que diz respeito a Paulo. Mas, quando lemos o Novo Testamento, não encontramos ali o ensino de que a chamada para evangelizar se limitava a Paulo ou mesmo aos apóstolos. Foi o próprio Senhor Jesus que ensinou em sua comissão

---

[1] Para saber mais sobre este assunto, ver: PLUMMER, Robert. *Paul's understanding of the christian mission*: did the apostle Paul expect the early christians communities to evangelize? Carlisle, UK: Paternoster Biblical Monographs, 2006.

final aos discípulos: "Toda a autoridade me foi dada no céu e na terra. Ide, portanto, fazei discípulos de todas as nações, batizando-os em nome do Pai, e do Filho, e do Espírito Santo; ensinando-os a guardar todas as coisas que vos tenho ordenado. E eis que estou convosco todos os dias até à consumação do século" (Mt 28.18-20). Essa instrução é comumente chamada de Grande Comissão, que Jesus deu aos seus discípulos; e seria difícil subestimar sua importância. John Stott concluiu o seguinte dessas palavras de Jesus:

> [Esta] comissão... está imposta a cada membro de toda a igreja... cada cristão é chamado a ser uma testemunha de Cristo no ambiente específico em que Deus o colocou. Embora o ministério público da Palavra seja um ofício sublime, o testemunho particular ou a evangelização pessoal tem um valor que, em alguns aspectos, supera até a pregação pública, visto que assim a mensagem pode ser adaptada de modo mais pessoal.[2]

Esses primeiros discípulos, tornando-se apóstolos, levaram a sério a Grande Comissão dada por Jesus. Eles evangelizaram constantemente (At 5.42; 8.25; 13.32, 14.7, 15, 21; 15.35; 16.10; 17.18). No entanto, muitos agora estão perguntando: quem deve fazer isso hoje? Somente os pregadores ou profissionais eclesiásticos?

De acordo com a Bíblia, todos os crentes receberam essa comissão. No livro de Atos dos Apóstolos temos vislumbres

---

2 STOTT, John. *Personal evangelism*. Downers Grove, IL: InterVarsity, 1949. p. 3-4.

Quem Deve Evangelizar?

da obediência universal à chamada para evangelizar. Em Atos 2, vemos que todos os cristãos receberam o derramamento do Espírito. No Antigo Testamento, esse derramamento era uma preparação para a obra de transmitir profeticamente a Palavra de Deus. Por isso, quando continuamos a leitura de Atos dos Apóstolos, não nos surpreendemos em descobrir que muitas pessoas evangelizavam. Em Atos 8.1-4, lemos:

> Naquele dia, levantou-se grande perseguição contra a igreja em Jerusalém; e todos, exceto os apóstolos, foram dispersos pelas regiões da Judéia e Samaria. Alguns homens piedosos sepultaram Estêvão e fizeram grande pranto sobre ele. Saulo, porém, assolava a igreja, entrando pelas casas; e, arrastando homens e mulheres, encerrava-os no cárcere. Entrementes, os que foram dispersos iam por toda parte pregando a palavra.

No mesmo capítulo, lemos a história de Filipe, um diácono, que evangelizava (At 8.5-12, 26-40). E, depois, lemos:

> Os que foram dispersos por causa da tribulação que sobreveio a Estêvão se espalharam até à Fenícia, Chipre e Antioquia, não anunciando a ninguém a palavra, senão somente aos judeus. Alguns deles, porém, que eram de Chipre e de Cirene e que foram até Antioquia, falavam também aos gregos, anunciando-lhes o evangelho do Senhor Jesus. A mão do Senhor estava com eles, e muitos, crendo, se converteram ao Senhor.
> *(At 11.19-21)*

De tudo que o Novo Testamento afirma sobre perseguições, fica evidente que os cristãos primitivos não tentavam manter sua religião em segredo, embora o compartilhá-la trouxesse conseqüências. Escrevendo aos novos cristãos de Tessalônica, Paulo mencionou a "muita tribulação" deles (1 Ts 1.6) e se referiu àqueles que os atribulavam (2 Ts 1.5-7). Vemos isso também em muitas passagens do Novo Testamento. Embora os cristãos sofressem porque sua vida havia mudado, eles continuavam a falar para compartilhar o evangelho e explicar sua nova fé.

Há, também, estas instruções de Pedro aos cristãos:

> Antes, santificai a Cristo, como Senhor, em vosso coração, estando sempre preparados para responder a todo aquele que vos pedir razão da esperança que há em vós, fazendo-o, todavia, com mansidão e temor, com boa consciência, de modo que, naquilo em que falam contra vós outros, fiquem envergonhados os que difamam o vosso bom procedimento em Cristo.
>
> (1 Pe 3.15-16).

Sabemos que Cristo mesmo veio buscar e salvar o perdido (Lc 15; Lc 19.10). Por fazer expiação pelos pecadores, Cristo é o nosso único Salvador. No buscar os pecadores como ele o fez, Cristo é nosso exemplo. Então, como podemos seguir a Jesus Cristo sem convidar as pessoas a que venham a ele? Podemos ser discípulos de Cristo e não buscar a dracma perdida, a ovelha perdida, o filho perdido? Há muito testemunho de Cristo no livro de

Atos dos Apóstolos. Até aqueles que não eram designados como apóstolos, evangelistas ou presbíteros oravam pelos perdidos e buscavam-nos.

Quando um escriba perguntou a Jesus qual era o mandamento mais importante, ele respondeu citando Deuteronômio 6, uma exortação no sentido de amar a Deus, e Levítico 19, uma exortação nestes termos: "Amarás o teu próximo como a ti mesmo" (Mc 12.31). Tiago chamou esse amor de "a lei régia" (Tg 2.8). O que esse amor exige de nós? Parece exigir isto: o que queremos para nós mesmos queremos também para aqueles que amamos. Se você deseja amar a Deus com afeição perfeita, também desejará isso para o seu próximo. No entanto, você não ama seu próximo como a si mesmo se não está tentando persuadi-lo quanto ao melhor e mais importante aspecto de sua vida – seu relacionamento reconciliado com Deus. Se você é um cristão, está seguindo a Cristo. Está seguindo-o e deseja-o. Portanto, você deve também desejar esse maior bem para todos que você ama. É o próprio amor que exige buscarmos o melhor para aqueles que amamos, e isso tem de incluir o compartilhar com eles as boas-novas de Jesus Cristo.

Além disso, todo cristão deve viver um vida que recomenda o evangelho. O amor que a comunidade de cristãos do Novo Testamento compartilhava é apresentado como parte integral do testemunho deles ao mundo, conforme vemos em João 13.34-35. Esse amor não era compartilhado apenas entre os líderes; era compartilhado entre todos os cristãos. De fato, a operosidade da fé por meio da comunidade de uma igreja local parece ser o plano de evangelização mais básico de Jesus. E envolve todos nós.[3] Paulo escreveu à igreja em Filipos exortando-os a que continuassem preservando a palavra da vida (Fp 2.16). Eles fariam isso tanto por sua vida como por suas palavras.

Sabemos que a intenção de Deus em estabelecer a igreja era dar testemunho de si mesmo e de seu caráter. Como Paulo escreveu: "Para que, pela igreja, a multiforme sabedoria de Deus se torne conhecida" (Ef 3.10). Embora Paulo tenha dito que essa sabedoria deveria se tornar conhecida dos principados e potestades nos lugares celestiais, sabemos de outras passagens do Novo Testamento que o plano de Deus era também que seu caráter se tornasse conhecido das outras pessoas.

Todo crente tem um papel em tornar visível o evangelho do Deus invisível. O amor de Deus tem de ser observado supremamente na igreja. John Stott comentou sobre esse desafio e oportunidade:

> A invisibilidade de Deus é um grande problema. Era um problema para o povo de Deus na época do Antigo Testamento. Os seus vizinhos pagãos os insultavam, dizendo: "Onde está o vosso Deus?" Os deuses deles eram visíveis e palpáveis, mas o Deus de Israel não era nem uma coisa, nem outra. Hoje, em nossa cultura

---

[3] Esta é a conclusão do excelente estudo de Robert Plummer citado antes: "A missão apostólica transfere-se a cada igreja com um todo – não somente a qualquer grupo ou membro específico. Portanto, todo membro individual dentro da igreja manifestará atividade missionária de acordo com seus dons específicos e situação de vida. Tudo, exceto os aspectos não-repetíveis da missão dos apóstolos (ou seja, o testemunho ocular e a promulgação inicial de revelação autoritária) transfere-se à igreja como um todo" (p. 144).

científica, os jovens são ensinados a não crer em nada que não seja aberto à investigação empírica. Então, como Deus resolveu o problema de sua própria invisibilidade? Evidentemente, a primeira resposta é "em Cristo". Jesus Cristo é a imagem do Deus invisível. João 1.18 afirma: "Ninguém jamais viu a Deus; o Deus unigênito, que está no seio do Pai, é quem o revelou". As pessoas dizem: "Isso é maravilhoso, mas aconteceu há 2.000 anos. Não há nenhuma maneira pela qual o Deus invisível se torna conhecido hoje?" Há. Retornamos a 1 João 4.12, que diz: "Ninguém jamais viu a Deus". É exatamente a mesma afirmação introdutória. Mas, em vez de continuar referindo-se ao Filho de Deus, o texto declara: "Se amarmos uns aos outros, Deus permanece em nós". Em outras palavras, o Deus invisível, aquele que se tornou visível em Cristo, agora se torna visível nos cristãos, *se* amamos uns aos outros. É uma afirmação impressionante. A igreja local não pode evangelizar, proclamar o evangelho de amor, se não é, ela mesma, uma comunidade de amor.[4]

(Ênfase no original.)

Uma das principais razões por que a igreja local tem de ser uma comunidade de amor é que, assim, os outros conhecerão o Deus de amor. Deus fez as pessoas à sua imagem para que o conheçam. A vida da igreja local torna visível

---

4 STOTT, John. Why don't they listen? *Christianity Today*, Carol Stream, v. 47, n. 9, p. 52, Sept. 2003.

o evangelho audível. E todos nós devemos ter uma parte nessa evangelização.

Podemos contribuir para a evangelização apenas por edificarmos a igreja local – ajudando a organizá-la ou a liderá-la. Podemos ensinar e preparar outros. Podemos oferecer hospitalidade e encorajamento. Podemos orar, servir, mostrar misericórdia e dar. No entanto, todos nós temos uma responsabilidade de falar sobre Deus e as boas-novas tanto dentro como fora da igreja.

Martyn Lloyd-Jones ensinou: "Evangelização depende eminentemente da qualidade da vida cristã que é conhecida e desfrutada na igreja".[5] Um exemplo notável dessa verdade se acha na experiência de John Bunyan. Ele mesmo a contou em sua autobiografia, intitulada *Graça Abundante para o Principal dos Pecadores*. (Esse título se referia a ele mesmo.) Bunyan contou esta história:

> Um dia, a boa providência de Deus me colocou em Bedford, para que eu trabalhasse em minha profissão. E, numa das ruas daquela cidade, cheguei a um lugar em que havia três ou quatro mulheres pobres sentadas diante de uma porta, tomando sol e falando sobre as coisas de Deus. E, estando agora disposto a ouvi-las, aproximei-me para ouvir o que falavam, pois, eu mesmo era agora um alegre conversador sobre os assuntos da religião.

---

5 MURRAY, Iain H. *D. Martyn Lloyd-Jones:* the first forty years 1899-1939. Edinburgh: Banner of Truth, 1983. p. 246.

Quem Deve Evangelizar?

No entanto, apesar disso, posso dizer que ouvi mas não entendi, pois falavam acima de meu entendimento. A sua conversa se referia ao novo nascimento, à obra de Deus no coração delas e como haviam sido convencidas de seu miserável estado natural. Contavam como Deus as visitara com seu amor no Senhor Jesus e compartilhavam com que palavras e promessas haviam sido revigoradas, confortadas e apoiadas contra as tentações do Diabo. Além disso, elas argumentavam sobre as sugestões e as tentações de Satanás. E diziam umas às outras por quais tentações tinham sido afligidas e como haviam sido sustentadas sob os ataques do Maligno. Também falavam sobre a impiedade de seu próprio coração e a sua incredulidade. Menosprezavam, denegriam e abominavam sua justiça própria, considerando-a imunda e insuficiente para lhes fazer qualquer bem.
E, pelo que me pareceu, falavam como se a alegria as fizesse falar. Falavam da linguagem das Escrituras com tanto prazer e com tanta aparência de graça em tudo que diziam, que pareciam haver encontrado um novo mundo, como pessoas que habitavam sozinhas e não deviam ser reputadas entre seus vizinhos (Nm 23.9).
Diante disso, senti que meu coração começou a abalar-se, como que desconfiando de que minha condição equivalia a nada, pois vi que, considerando todos os meus pensamentos sobre a religião e a salvação, o novo nascimento jamais entrara em minha mente; tampouco eu conhecia a consolação da Palavra e as promessas, nem a ilusão e o engano de meu próprio coração. Quanto aos pensa-

mentos secretos, não tomava conhecimento deles, nem entendia o que eram as tentações de Satanás, nem como elas deveriam ser enfrentadas e resistidas, etc.

Portanto, quando ouvi e considerei o que elas disseram, deixei-as e sai andando para o meu emprego. Todavia, a conversa e o diálogo delas me acompanharam, e meu coração se deteve a considerá-los, pois eu estava grandemente afetado pelas palavras delas, tanto por estar convencido de que desejava ter as evidências de um homem verdadeiramente piedoso, como por estar convencido, por elas, da felicidade e da condição bendita desse homem.[6]

"Compartilhar nossas histórias" não é uma descoberta recente feita pelos cristãos. Bunyan – e as mulheres citadas nessa história – faziam isso como parte de sua evangelização. Essas mulheres, por viverem normalmente a vida cristã e conversarem umas com as outras, foram parte do plano evangelístico de Deus. Não foram somente sermões que Deus usou para converter John Bunyan. Ele usou cristãos normais.

Gostaria de narrar mais uma história de cristãos comuns que Deus usou para anunciar as boas-novas: a história de James Smith. Ele era um escravo que vivia perto de Richmond, no Estado da Virgínia. A crueldade desumana de seus "senhores" separaram-no de sua família – a esposa, Fanny, e os filhos – por décadas. Mas a fé cristã de Smith o

---

6 BUNYAN, John. *Grace abounding to the chief of sinners*. Grand Rapids, MI: Baker, 1986. p. 29-30, 37-40.

sustentava. Cada noite, depois de seu dia de trabalho, Smith pregava o evangelho de Jesus Cristo a seus colegas escravos, mesmo depois de seu senhor chicoteá-lo por evangelizar. Mas não foi por conta das capacidades de Smith como pregador que Deus lhe deu uma das mais admiráveis oportunidades de evangelizar. Smith foi vendido a uma fazenda na Georgia. Seu novo "dono", preocupado com a falta de obediência de Smith, ordenou ao seu capataz que surrasse Smith para que ele obedecesse as instruções, especialmente aquelas que limitavam suas orações e sua reunião com outros para cultuarem a Deus. O capataz deu 100 chicotadas nas costas de Smith. 100 chicotadas! Mais tarde, o mesmo capataz ouviu Smith orando em favor da sua alma – a alma do capataz. Este, quando ouviu a oração, foi profundamente comovido e implorou o perdão de Smith; e o encorajou a fugir.[7]

Deus chama todos os cristãos a compartilhar as boas-novas. Nossas igrejas precisam assegurar-se de que conhecemos as boas-novas e de que todos somos chamados a expressá-las com clareza. Devemos trabalhar em treinar uns aos outros para que tenhamos o tipo de vida cristã e o entendimento claro que nos ajudarão a compartilhar o evangelho. Se somos honestos, devemos reconhecer que a principal razão por que queremos transferir a outros a responsabilidade pela evangelização é que não estamos exatamente certos a respeito de como realizá-la. Esse é o assunto que desejo abordar no próximo capítulo.

---

[7] BRITT, Donna. Love stories that transcend bonds of slavery, time. *Washington Post*, Washington DC, Feb. 11, 2005, B 01. In: DERAMUS, Betty. *Forbidden fruit*: love stories from the underground railroad. New York: Atria, 2005. p. 15-27.

CAPÍTULO 4

COMO DEVEMOS EVANGELIZAR?

COMO DEVEMOS EVANGELIZAR?

Evangelizamos por pregar a Palavra e propagar a mensagem do evangelho (cf. Rm 10.17). Mas, como devemos propagar a Palavra? Essa pergunta é mais importante do que alguns têm imaginado. Não importando os meios específicos – quer seja publicamente pelos vários meios de comunicação, quer seja de modo particular, em conversas pessoais, quer seja por meio de impressos ou de sermões, quer seja por meio de conversas ou de grupos de estudo –, *como* devemos propagar o evangelho?

Desejo considerar este assunto de duas maneiras. Em primeiro lugar, no aspecto mais básico, há certo equilíbrio pelo qual devemos nos esforçar na evangelização, um equilíbrio de honestidade, urgência e alegria. Com muita freqüência, temos apenas um ou, no melhor, dois desses aspectos, e não os três. O equilíbrio é importante. Essas três virtudes juntas representam apropriadamente o evangelho. Em segundo, na outra metade do capítulo, ofereço algumas sugestões específicas a respeito de como podemos disseminar o evangelho.

O EQUILÍBRIO

Honestidade. Primeiramente, dizemos com honestidade às pessoas que, se elas se arrependerem e crerem, serão salvas. Mas elas precisarão arrepender-se, e isso terá um custo. Temos de ser exatos no que dizemos, não retendo qualquer parte importante que nos pareça desagradável ou repulsiva.

Ao considerarem como evangelizar, muitas pessoas não gostam de incluir nada negativo em sua apresentação. Em relação a compartilhar o evangelho, imagina-se que há abordagens negativas e positivas. Falar a respeito de pecado, culpa, arrependimento e sacrifício é considerado uma abordagem negativa, sendo essa a razão por que presentemente ela é reprovada. Eis o que disse um importante pregador de televisão: "Creio que não existe, feito em nome de Cristo e sob a bandeira do cristianismo, algo que tenha sido tão destrutivo à personalidade humana e, por conseqüência, contraproducente à obra de evangelização quanto a estratégia grosseira e não-cristã de tentar conscientizar as pessoas de sua condição pecaminosa e perdida".[1] Outros que são mais teologicamente ortodoxos sugerem que, embora

---

1 SCHULLER, Robert. *Milk & Honey*, p. 4, Dec. 1997.

julgamento e culpa fossem culturalmente relevantes para uma geração anterior, são estranhos em nossos dias. Eles sugerem que as pessoas contemporâneas responderão melhor a uma mensagem de liberdade.

No entanto, de acordo com a Bíblia, ainda que liberdade seja um aspecto maravilhoso de nossa mensagem (cf. Jo 8.32-36), pecado e culpa estão no próprio âmago do evangelho. Conscientizar as pessoas de seu estado pecaminoso e perdido é uma parte de compartilhar as boas-novas de Cristo. Se você ler os resumos dos sermões de Pedro registrados nos primeiros capítulos de Atos dos Apóstolos, perceberá que Pedro foi admiravelmente honesto quanto ao pecado daqueles que o ouviam. Suas declarações não foram calibradas de modo a bajular as pessoas. Por ser franco, Pedro estava seguindo fielmente o método que Jesus utilizara com ele e com outros apóstolos, alguns meses antes, ao dizer: "Qualquer que não tomar a sua cruz e vier após mim não pode ser meu discípulo" (Lc 14.27).

Pense nisso. Não creiamos que todos estamos engajados em uma busca pela verdade. A Queda não deixou as pessoas neutras em relação a Deus, e sim em inimizade para com ele. Portanto, não devemos supor que os não-cristãos buscam a Deus pelo simples fato de que foram criados à imagem dele. A Bíblia ensina que as pessoas estão, por natureza, alienadas de Deus. E temos de ser honestos quanto a isso.

O que é o arrependimento? É deixar os pecados que você ama e voltar-se para o Deus santo a quem você é chamado a amar. É admitir que você não é Deus. É começar a valorizar a Jesus mais do que seus prazeres imediatos. É desistir daquelas coisas que a Bíblia chama de pecado e abandoná-las para seguir a Jesus.

Quando anunciamos o evangelho às pessoas, precisamos fazê-lo com honestidade. Reter partes importantes e desagradáveis da verdade significa começar a manipular e tentar enganar a pessoa com quem compartilhamos o evangelho. Então, quando evangelizamos, não devemos esconder problemas, ignorar nossas próprias imperfeições ou negar as dificuldades. Não devemos apresentar somente as coisas positivas que imaginamos serem valorizadas por nossos amigos não-cristãos, apresentando a Deus apenas como o meio pelo qual eles podem satisfazer e atingir seus próprios objetivos. Temos de ser honestos.

Urgência. Se devemos seguir um modelo bíblico de evangelização, precisamos enfatizar a urgência com que as pessoas devem arrepender-se e crer, para que sejam salvas. Elas têm de resolver agora. Não devem esperar até que surja "oportunidade melhor". As pessoas podem mostrar bastante cuidado com seu dinheiro, a ponto de esperarem para contratar um plano de telefone celular ou renovar seu plano atual somente depois de haverem pesquisado na internet, telefonado e conseguido duas ou três ofertas para compararem. Mas, no que diz respeito à alma, não há lógica em esperar por uma melhor oferta para obter perdão. De acordo com o Novo Testamento (Jo 14.6; At 4.12; Rm 10 e todo o livro de Hebreus), Cristo é o único caminho. De que outro modo poderíamos sugerir que pecadores se reconciliem com o Deus santo? E, se Cristo é o único caminho, pelo que estamos esperando? Não sabemos se teremos o amanhã, e não devemos agir como se o amanhã nos pertencesse (Tg 4.13). "Hoje, se ouvirdes a sua voz, não endureçais o coração" (Sl 95.7-8; Hb 4.7).

Jesus contou esta história:

> Certo homem tinha uma figueira plantada na sua vinha e, vindo procurar fruto nela, não achou. Pelo que disse ao viticultor: Há três anos venho procurar fruto nesta figueira e não acho; podes cortá-la; para que está ela ainda ocupando inutilmente a terra? Ele, porém, respondeu: Senhor, deixa-a ainda este ano, até que eu escave ao redor dela e lhe ponha estrume. Se vier a dar fruto, bem está; se não, mandarás cortá-la.
>
> (Lc 13.6-9)

Apresentar a natureza urgente da salvação não é manipulativo, nem insensível. É a verdade. O tempo da oportunidade acabará.

Como cristãos, tornamo-nos cientes da verdade de que a história não é cíclica, repetindo-se sempre em uma interminável rotação de acontecimentos, girando até que alguma de suas partes perca seu significado. Não. Sabemos que Deus criou este mundo e o levará a um término no julgamento final. Sabemos que ele dá a vida e toma-a. O tempo que possuímos é limitado; a quantidade é incerta, mas o seu uso depende de nós. Por isso, Paulo disse, em Efésios, que devemos aproveitar cada oportunidade (Ef 5.16).

À semelhança de um colecionador que adquire uma coleção, devemos ter o desejo de capturar cada hora que se passa e transformá-la em um troféu para Deus e sua graça. Como Paulo disse: "O tempo se abrevia; o que resta é que... os que se utilizam do mundo, como se dele não usassem; porque a aparência deste mundo passa" (1 Co 7.29-31).

Quais são as suas circunstâncias agora mesmo? Confie no Senhor para usá-lo nestas circunstâncias, em vez de procurar outras. Não permita que a permanência passageira de seu mundo ou que o tédio tranqüilizante de certas horas e minutos longos o façam de tolo. Os dias são "maus" (Ef 5.16) no sentido de que são perigosos e estão se desvanecendo; por isso, temos de "remir" o tempo e aproveitar cada hora. Assim como Paulo, dizemos que, em vista de um grande julgamento, o amor de Cristo nos compele a contar aos outros as boas-novas (cf. 2 Co 5.10-15). Temos de ser honestos não somente a respeito do custo do arrependimento, mas também a respeito da data limite da oferta. Essa honestidade nos compele à urgência.

Alegria. Ora, se eu parasse no ponto anterior, terminaríamos com alguns evangelistas sisudos. Motivados por uma consciência atenta a sermos claros quanto ao que é condenado e proibido e compelidos pelo senso de brevidade do tempo, ficaríamos com uma prática de evangelização severa e enérgica. Mas isso não pareceria muito com *boas*-novas. Seria desequilibrado e inexato porque as Escrituras usam muita linguagem de amor em relação ao evangelho. Fomos constituídos de modo a amar o amor. Deus nos ama. Amamos a Deus. Cristo nos amou, e amamos a ele, embora não o tenhamos visto. Essas novas são boas exatamente porque queremos passar a eternidade com ele. Uma eternidade em relativa prosperidade sem Cristo seria o inferno para nós.

A verdade de um relacionamento restaurado com Deus nos traz grande alegria. Portanto, devemos contar alegremente às pessoas que, se elas se arrependerem e crerem, serão salvas. E, apesar do custo, isso é digno de tudo. Qual das pessoas citadas em Hebreus 11 não diria que isso era digno do que elas fizeram? O próprio Senhor Jesus suportou a cruz, conforme lemos, "em troca da alegria que lhe estava proposta" (Hb 12.2).

Em nossa igreja, em Washington, temos no pilar da entrada do estacionamento uma placa de bronze que contém a seguinte afirmação de Jim Elliot: "Não é tolo aquele que dá o que não pode reter, para ganhar aquilo que ele não pode perder". O que ganhamos em vir a Cristo? Ganhamos um relacionamento com Deus que inclui perdão, significado, propósito, liberdade, comunidade, certeza e esperança. Tudo isso e muito mais achamos em Cristo. Só porque somos honestos quanto às dificuldades, não temos de mascarar as bênçãos ou negar as bondades específicas de Deus para conosco no evangelho. Não devemos fazer com que as exigências do evangelho pareçam mais severas do que são, apenas para que todas elas pareçam mais acreditáveis. Por isso, devemos contar com alegria as boas-novas aos outros.

Esse é o equilíbrio que desejamos ver – honestidade, urgência e alegria. Honestidade e urgência sem alegria nos dão uma determinação melancólica (leia Filipenses). Honestidade e alegria sem urgência nos dão negligência quanto ao tempo (leia 2 Pedro). Alegria e urgência sem honestidade nos levam a afirmações distorcidas quanto aos benefícios imediatos do evangelho (leia 1 Pedro).

Tendo em mente esse equilíbrio, apresento algumas idéias mais específicas a respeito de como desejamos compartilhar o evangelho.

SUGESTÕES ESPECÍFICAS

1) Ore. Lembre a importância de orar em sua evangelização. Quando Jonas foi salvo do peixe, ele disse: "Ao SENHOR pertence a salvação" (Jn 2.9). Se a Bíblia ensina que a salvação é obra de Deus, certamente devemos pedir--lhe que opere entre aqueles que evangelizamos. Jesus fez isso. Sua oração, registrada em João 17, foi proferida em favor daqueles que creriam nele por meio da pregação e do testemunho de seus discípulos. E Deus respondeu essa oração. Jesus disse: "Ninguém pode vir a mim se o Pai, que me enviou, não o trouxer" (Jo 6.44). Se isso é obra de Deus, devemos pedir-lhe que a realize.

Paulo também orou em favor daqueles que ele evangelizava. Ele escreveu aos cristãos romanos: "Irmãos, a boa vontade do meu coração e a minha súplica a Deus a favor deles são para que sejam salvos" (Rm 10.1). Podemos trabalhar e testemunhar para que alguém seja salvo, mas somente

Deus pode realizar a salvação. Isso é obra dele.[2] Por isso, temos de orar.

Lembro-me de que, em certa ocasião, eu estava sentado na biblioteca do seminário, envolvido nos estudos, quando fui impactado pelo fato de que várias pessoas que eu amava ainda não eram convertidas, embora eu estivesse orando regularmente por elas havia anos. Por alguns momentos, perguntei-me para que serviriam todos aqueles estudos se Deus não estivesse ouvindo e respondendo orações que o glorificariam. Lutei contra o desânimo quanto a isso. No entanto, eu sabia que tinha o dever de continuar orando.

Pelo que sei, algumas das pessoas em favor das quais eu orava nunca foram salvas. Mas outras foram. Pela graça de Deus, tenho visto, devagar e no passar dos anos, muitas pessoas pelas quais estive orando por mais de vinte anos chegarem ao conhecimento de Cristo. Do ponto de vista humano, algumas dessas conversões eram improváveis e me foram surpreendentes. Isso mostra que, em última análise, é Deus quem está em atividade na evangelização, e não você ou eu. Essa atividade divina produz alguns frutos maravilhosos.

Cada dia oramos tanto a respeito de assuntos menos importantes. Por que não oramos a respeito da salvação de outras pessoas? Quando você evangeliza, lembre-se de orar.

2) Use a Bíblia. A Bíblia não dever ser usada somente na pregação pública e nas devoções particulares. Também

---

[2] Para saber mais sobre este assunto, ver: PACKER, J. I. *A Evangelização e a Soberania de Deus*. São Paulo, SP: Editora Cultura Cristã, 2002

pode ser usada na evangelização. Como observamos antes, um exemplo notável desse fato se acha em Atos 8, que relata o encontro de Filipe com um oficial etíope. O oficial estava lendo Isaías 53, uma profecia famosa sobre o Messias. Filipe, como nos diz Atos 8.35, "começando por esta passagem da Escritura, anunciou-lhe a Jesus". A Bíblia é a Palavra de Deus, inspirada pelo Espírito de Deus. A mensagem de Deus pode ser comunicada não somente por meio das minhas e das suas palavras, mas também pelas próprias palavras inspiradas de Deus. Podemos ter certeza de que ele terá deleite especial em mostrar o poder de sua Palavra usando-a em conversões.

Essa é a razão por que gosto muito de realizar um estudo no livro de Marcos como instrumento de evangelização. Creio que Deus usará a sua Palavra de maneiras que eu não saberia planejar. Recordo a minha própria conversão e como a leitura dos evangelhos foi crucial para que ela acontecesse. Apresente a um não-cristão (ou a um grupo de pessoas em um estudo bíblico) Jesus Cristo como ele é revelado nas páginas da Escritura. Deixe-as interagir com as fontes primárias. Veja o poder, a majestade, o amor e a penetrante convicção de Cristo manifestarem-se através das histórias, das obras, do ensino.

Referir-nos ao ensino claro da Bíblia também mostra aos nossos amigos que não estamos expressando-lhes nossas próprias idéias. Pelo contrário, estamos apresentando a Jesus Cristo em sua própria vida e ensino. Assim como desejamos que a pregação em nossas igrejas seja expositiva – a pregação em que o ensino principal da mensagem é o ensino principal da passagem bíblica que está sendo pregada, assim também queremos ver as pessoas expostas à Palavra de Deus, porque cremos que Deus quer usar sua Palavra para realizar conversões. É a Palavra de Deus vindo até nós que o Espírito Santo usa para transformar a nossa vida.

Em sua evangelização, use a Bíblia.

3) Seja claro. Quando você compartilha o evangelho, pense atentamente na linguagem que usa. Uma das melhores conversas que posso lembrar quanto à evangelização foi a que tive com um amigo que era um judeu secular. Eu deveria ministrar palestras sobre evangelização em um campus universitário. Decidi fazer perguntas ao meu amigo judeu sobre a evangelização. Nós o chamaremos de Michael. (De fato, esse era o seu nome.) Eu lhe disse: "Michael, você já foi evangelizado?"

"O que isso significa?", ele indagou.

"Bem", eu respondi, "isso acontece quando um cristão começa a falar-lhe sobre Deus e Jesus e lhe pergunta se você já é salvo".

"Ah! então, é isso!", ele respondeu. "Sim, acho que já fui evangelizado."

Michael e eu tivemos uma boa e longa conversa. A verdade é que eu já havia evangelizado Michael diversas vezes, mas ele não compreendera o que eu estava fazendo. Agora, quando conversamos sobre o assunto, isto ficou claro: ele pensava que evangelização era algo que alguém fazia *para* ele, e não uma conversa em que ele podia envolver-se.

Também compreendi que, nas conversas anteriores com ele, eu estava certo de que ele entendia o significado das palavras. "Deus", "oração", "céu", "bom", "moral", "juiz" e "pecado" são palavras que, como reconheci, eu não defini bem. Se eu tivesse feito uma apresentação rápida, convincente e persuasiva, conseguindo que ele dissesse "sim!", ele o teria dito para muita informação que não compreendera. Temos de ser envolventes e claros quando apresentamos o evangelho.

Nenhum de nós possui um entendimento completo do evangelho, mas precisamos ter idéias claras a respeito dos elementos básicos de nossa mensagem e expressá-las com bastante clareza. Se há uma provável incompreensão, devemos abordá-la. Devemos falar de tal maneira que sejamos entendidos. *Contextualização* é a grande palavra teológica que identifica isso.

Por exemplo, quando falamos sobre a justificação (e precisamos fazer isso), devemos assegurar-nos de defini-la. A justificação é ser declarado justo diante de Deus. Mas, por causa do pecado, não somos justos diante de Deus. Então, como podemos ser declarados justos? Não podemos, se Deus é verdadeiramente bom – a menos que outrem aja como substituto em nosso lugar. Portanto, a *justificação* nos envolve na conversa sobre todos os assuntos que estão bem no âmago do evangelho.

Quando conversamos sobre o evangelho com amigos não-cristãos, devemos ter certeza de que entendem o que estamos dizendo. Conforme vemos na Bíblia, os cristãos mostravam grande interesse nisso. Podemos notar que Paulo começava usando o Antigo Testamento quando falava a judeus; mas, quando falou a um grupo de gregos em Atenas (At 17), ele começou citando os dizeres deles mesmos. Paulo escreveu aos coríntios: "Procedi, para com os judeus, como judeu, a fim de ganhar os judeus... Aos sem lei, como se eu mesmo o fosse... para ganhar os que vivem fora do regime da lei" (1 Co 9.20-21).

A propensão de ofender faz parte do uso de clareza quando compartilhamos o evangelho; e às vezes é ignorada pelos evangelistas sinceros. Clareza na apresentação das reivindicações de Cristo envolverá certamente transmitir o evangelho em palavras que os ouvintes *entendam*, mas isso não significa necessariamente apresentá-lo em palavras que nossos ouvintes *gostarão*. Com muita freqüência, os advogados da evangelização relevante tendem a ser advogados de uma evangelização irrelevante. Um evangelho que não ofende o pecador de maneira alguma é um evangelho que não foi entendido.

Considere o apóstolo Pedro, no Dia de Pentecostes, conforme o relato de Atos 2. Pedro queria ser relevante, mas essa relevância deu às suas palavras mais pungência, e não menos. Como Pedro deu testemunho de Cristo àqueles que desejavam ser salvos? Entre outras coisas, ele lhes disse: "Esteja absolutamente certa, pois, toda a casa de Israel de que a este Jesus, que vós crucificastes, Deus o fez Senhor e Cristo" (At 2.36).

Relevante? Sim. Agradável? Não. Clara? Totalmente.

Devemos ser claros a respeito do pecado (Is 59.1-2; Hc 1.13; Rm 3.22-23; 6.23; Ef 2.8-9; Tt 3.5; 1 Jo 1.5-6). Temos de ser claros quanto ao significado da cruz (Mt 26.28; Gl 3.10-13; 1 Tm 1.15; 1 Pe 2.24; 3.18). Precisamos ser claros a respeito da necessidade de arrepender-nos de nossos pecados e crer em Cristo (Mt 11.28-30; Mc 1.15; 8.34; Jo 1.12; 3.16; 6.37; At 20.21). Como podemos evangelizar se não somos claros em expressar o que a Bíblia ensina sobre esses assuntos?

4) Provoque auto-reflexão. Algo típico de nossa época é uma poderosa atitude de defesa que leva as pessoas a descobrirem coisas por si mesmas, em vez de ouvirem as coisas ensinadas por outros. O desejo por descobertas originais é o que está por trás da linguagem que alguns usam em nossos dias. "Deixe as pessoas acharem a verdade por si mesmas. Os dias de folhetos simples e de evangelização com apresentações persuasivas e bem-sucedidas acabaram. Não afirme algo às pessoas; fale com elas. Tenha uma conversa." É o que ouvimos devemos fazer hoje. E tenho duas respostas a oferecer.

Primeira: isso é verdade. Segunda (surpreendente para alguns): isso sempre foi verdade. Não é algo novo. Nossos pais e avós não eram seguidores ingênuos, que nada questionavam, conforme a literatura atual os faz parecer. Ceticismo a respeito de fatos específicos pode ser resultado de um cinismo geral quanto à verdade ou de uma profunda certeza quanto ao caráter humano. Sherlock Holmes fazia perguntas não porque desejava saber as opiniões das pessoas, a verdade *delas*; e sim porque desejava saber *a* verdade. As histórias de detetives sempre pressupõem o certo e o errado com certas ações e motivos que os expliquem. Do contrário, não há enigma a ser resolvido.

Nós, cristãos, sabemos que existe o certo e o errado,

mas também conhecemos nosso coração. Sabemos que não gostamos de ser expostos fácil e claramente, quando estamos errados. Sou um pastor. Escrevo livros que lhe dizem o que fazer, mas, outro dia, minha esposa me corrigiu com amor e respeito em algo que eu dissera na presença de nosso filho. Ela estava certa. Eu estava errado. Creio na verdade absoluta. Sei que ela me ama. Conheço a verdade teológica de que sou pecador. Apesar disso, ela teve de lidar comigo, servindo-se de paciência, determinação, perseverança e amor, para me levar à posição de considerar que talvez estivesse errado naquela situação. E tenho sido um cristão há mais de vinte anos.

A atitude de defender-se é natural ao coração humano, por isso queremos fazer o nosso melhor para ajudar as pessoas a ouvirem as boas-novas. Queremos viver e falar de tal modo que provoquemos as pessoas à reflexão sobre si mesmas, seus desejos e ações. Podemos fazer isso por dirigir-lhes boas perguntas – perguntas sobre a origem da vida ou como elas entendem as coisas más que existem neste mundo. Podemos fazer perguntas a respeito dos conflitos de suas vidas e o que elas imaginam poderia ser a solução. Podemos até indagar o que pensam sobre a morte, Jesus, Deus, o julgamento, a Bíblia e o cristianismo. Mas, depois, teremos de fazer aquilo que alguns crentes que evangelizam acham difícil, algo que surpreende alguns de nossos amigos não-cristãos: ouvir as respostas deles![3]

---

3 Dois livros que contêm ótimos exemplos de conversas são: STILES, Mack. *Speaking of*

Faça boas perguntas e ouça as respostas dos não-cristãos. Explore-os. Talvez você os ajude a enunciar e articular os seus próprios pensamentos até pela primeira vez. Você nem precisa tentar fingir que isso é fácil.

Isso é o que fazemos por alguém que amamos. E certamente amamos a pessoa a quem testemunhamos de Cristo. Enquanto você tiver oportunidade, seja amigo das pessoas. Torne mais branda a atitude defensiva delas para com você (mas não para com a sua mensagem). Faça sugestões a respeito do que você pensa ser a situação. Seja claro em sua apresentação do evangelho. Ore para que você seja capaz de apresentar as coisas de tal maneira que enfraqueça a desconfiança delas e faça-as duvidar de suas negações da verdade do evangelho. Seja provocativo em sua conversa.

De fato, tente viver distintamente como "sal" entre as pessoas – em suas palavras e ações. Torne-as sedentas. Faça que toda a sua vida seja provocativa diante delas. Às vezes, apresento-me às pessoas como um fundamentalista, porque espero que haja uma desconexão intrigante entre o que elas pensam sobre um fundamentalista e o tipo de pessoa que eu sou. Viva a vida cristã diante das pessoas. Isso me leva à última sugestão.

5) Use a igreja. Quero dizer: convide as pessoas que você evangeliza a virem à igreja da qual você é membro ou a alguma outra igreja que prega o evangelho. Mas "use

---

Jesus. Downers Grove, Il: InterVarsity, 1995. NEWMAN, Randy. *Corner conversations.* Grand Rapids, MI: Kregel, 2006.

a igreja" também significa mais do que isso. Compreenda o fato de que a maneira como vivemos a vida cristã na comunidade cristã é uma parte central de nossa evangelização. À semelhança daquelas mulheres, lavadoras de roupa, que Bunyan ouviu, nossa vida tem de dar credibilidade às nossas palavras. Isso não implica que algum de nós pode viver de modo perfeito, mas podemos ter vidas que recomendam o evangelho. Lembre as palavras de Jesus no Sermão do Monte: "Assim brilhe também a vossa luz diante dos homens, para que vejam as vossas boas obras e glorifiquem a vosso Pai que está nos céus" (Mt 5.16; cf. 1 Pe 2.12).

Lembre também estas palavras de Jesus: "Novo mandamento vos dou: que vos ameis uns aos outros; assim como eu vos amei, que também vos ameis uns aos outros. Nisto conhecerão todos que sois meus discípulos: se tiverdes amor uns aos outros" (Jo 13.34-35). As nossas palavras sozinhas não são um testemunho suficiente – devemos falar; temos *novas*. Nossa vida é o eco confirmador de nosso testemunho. A evangelização deve incluir nossa maneira de viver e a maneira como vivemos juntos na nova sociedade que é a igreja local.

O templo de Jerusalém foi destruído em 70 d.C. E não existe no Novo Testamento nada sobre um grande templo cristão – um lugar de grandeza e majestade que podemos indicar para nossos amigos não-cristãos, dizendo-lhes: "Vejam! Não estão impressionados? Isso não mostra quão maravilhoso, misterioso, belo, verdadeiro e bom é o nosso Deus?" O que aconteceu com o templo na era do Novo Testamento? Ele não existe, porque nós somos o templo. Nós cristãos nos tornamos juntos o templo do Espírito Santo. Quando você lê o Novo Testamento, percebe que o templo não são prédios de igrejas, e sim nós, cristãos. Nós, cristãos, nos tornamos juntos o templo do Espírito Santo.

Portanto, a comunidade em que vivemos pode ter esperança trazida por aqueles de nós que vivem de modo distintamente cristão; não por sua ou por minha igreja; não por quão semelhantes somos àqueles que estão ao nosso redor (um erro comum que os cristãos podem cometer), e sim por quão atrativamente diferentes nós somos. Esta é a razão por que devemos viver a vida diferente que levamos – somos um retrato de Deus, um painel de Deus em nossa cidade. Paulo escreveu aos cristãos de Filipos: "Fazei tudo sem murmurações nem contendas, para que vos torneis irrepreensíveis e sinceros, filhos de Deus inculpáveis no meio de uma geração pervertida e corrupta, na qual resplandeceis como luzeiros no mundo, preservando a palavra da vida" (Fp 2.14-16).

As pessoas que vivem ao nosso redor estão perdidas nas trevas. Temos a maravilhosa e atraente chamada de vivermos uma vida nova em nossas congregações – uma boa vida que reflete as boas-novas. Pense no papel que sua igreja cumpre em sua evangelização. Sim, você pode convidar pessoas para cultos e eventos especiais de evangelização, mas também considere a possibilidade de trazê-las à sua própria vida, à rede de relacionamentos que há em sua igreja. Isso pode ser para elas como um sol que resplandece nas trevas de suas vidas. Pode provocá-las a sondar honestamente sua própria alma. Talvez elas perguntem, como um amigo me perguntou certa vez: "Você é um cristão? Então, fale-me do evangelho! Testemunhe para mim!"

Essas são apenas algumas sugestões. São, porém, sugestões que espero encorajem-no na evangelização. É claro que às vezes compartilhamos o evangelho de modo errado porque entendemos mal o que é realmente evangelizar. E isso nos leva à próxima pergunta.

CAPÍTULO 5

O QUE NÃO É EVANGELIZAÇÃO?

Lembro-me de que, sendo ainda bem criança, abracei a perna de meu pai em um posto de gasolina, mas descobri que não era a sua perna que eu estava abraçando. Fiquei embaraçado! Foi um caso de engano de identidade.

Outras vezes, o engano de identidade tem conseqüências mais sérias. Admiro-me dos animais predadores que podem camuflar seu corpo tão perfeitamente, que suas vítimas nem suspeitam que um galho ou uma rocha é, na realidade, outra criatura preparando-se para comer e correr!

No que diz respeito à evangelização, preocupa-me certas coisas que as pessoas admitem como evangelização, mas que, de fato, não o são. Esse caso de engano de identidade pode ter conseqüências mais sérias do que mero embaraço. Desejo mencionar cinco coisas confundidas com evangelização.

1) IMPOSIÇÃO

Talvez a objeção contemporânea mais comum à evangelização seja esta: "Não é errado impor nossas crenças aos outros?"

Algumas pessoas não praticam a evangelização por acharem que estão se impondo aos outros. E pela maneira como a evangelização é freqüentemente realizada, posso entender a confusão! No entanto, quando compreendemos o que a Bíblia apresenta como evangelização, reconhecemos que evangelizar não é realmente uma questão de impor suas crenças.

É importante entender que a mensagem que você compartilha não é mera opinião, e sim um fato. Essa é a razão por que compartilhar o evangelho não pode ser chamado de imposição, assim como um piloto não pode impor a todos os passageiros a sua crença de que a pista de aterrissagem é esta e não aquela.

Além disso, as verdades do evangelho não lhe pertencem, no sentido de que se referem unicamente *a você*, ou à *sua* perspectiva, ou à *sua* experiência; ou no sentido de que você as descobriu. Quando você evangeliza, não está dizendo: "Isso é o que eu penso sobre Deus"; ou: "É assim que eu vejo as coisas". Você está apresentando o evangelho *de Cristo*. Você não o inventou e não tem autoridade para alterá-lo.

Na evangelização bíblica, não impomos nada. De fato, não podemos fazer isso. De acordo com a Bíblia, evangelizar é apenas contar as boas-novas. Não é assegurar-nos de que a outra pessoa responderá corretamente ao evangelho. Gostaríamos de poder conseguir isso, mas, conforme a Bíblia, isso é algo que não podemos fazer. De acordo com a Bíblia, o fruto da evangelização vem de Deus. Como Paulo disse aos coríntios:

> Quem é Apolo? E quem é Paulo? Servos por meio de quem crestes, e isto conforme o Senhor concedeu a cada um. Eu plantei, Apolo regou; mas o crescimento veio de Deus. De modo que nem o que planta é alguma coisa, nem o que rega, mas Deus, que dá o crescimento.
> (1 Co 3.5-7; cf. 2 co 3.5-6)

Lembro-me de que em certa ocasião, quando estava em Cambridge, conversei com Bilal, um amigo libanês muçulmano. Falamos sobre um de nossos amigos que era um muçulmano secular. Bilal desejava que nosso amigo abraçasse um estilo de vida islamita mais fiel. Eu queria que ele se tornasse um cristão. Condoíamo-nos juntos pela dificuldade de viver em meio à cultura secular britânica. Bilal comentou quão corrupto era o país cristão chamado Grã-Bretanha. Respondi que a Inglaterra não era um país cristão e que, de fato, não existe tal coisa como um país cristão. Aproveitando a oportunidade, ele disse que esse é o problema do cristianismo quando comparado ao islamismo. O cristianismo, ele disse, não provê respostas e diretrizes para todas as complexidades da vida real. Não tem um padrão social e político abrangente para oferecer à sociedade. Respondi que isso acontece porque o cristianismo retrata realisticamente a condição humana e o problema da situação humana. Ele me perguntou o que isso significava.

Disse-lhe que o islamismo tem um entendimento superficial dos problemas do homem porque ensina que nossos problemas são basicamente uma questão de comportamento. A solução para o nosso problema é apenas a vontade. Mas o cristianismo, eu disse, tem um entendimento mais profundo e mais acurado da situação do homem, um entendimento que inclui uma admissão franca da pecaminosidade humana como um agregado de ações más e como uma expressão de um coração mau que está em rebeldia contra Deus. O problema é a natureza do homem. Disse que o cristianismo não tem nada que Bilal reconheceria como um programa político abrangente porque não pensamos que nosso verdadeiro problema pode ser corrigido por poder político. Eu poderia colocar uma espada sobre a garganta de uma pessoa e torná-la um bom muçulmano, mas, disse-lhe, não posso tornar ninguém cristão servindo-me desse método.

A Bíblia apresenta o problema do homem como algo que não pode ser resolvido por força coerciva ou imposição. Portanto, tudo que posso fazer é apresentar as boas-novas com exatidão, viver uma vida de amor para com os incrédulos e rogar a Deus que os convença de seus pecados e lhes dê os dons de arrependimento e fé.

A verdadeira evangelização bíblica e cristã não envolve, por sua própria natureza, coerção, mas somente proclamação e amor. Devemos apresentar o evangelho gratuito a todos. Não podemos manipular ninguém para que o aceite. Os cristãos bíblicos sabem que não podem obrigar ninguém a receber a vida.

2) TESTEMUNHO PESSOAL

Alguns cristãos acham que testemunho pessoal é evangelização. O testemunho pessoal é, certamente, uma coisa maravilhosa. O salmista é um modelo disso: "Vinde, ouvi, todos vós que temeis a Deus, e vos contarei o que tem ele feito por minha alma" (Sl 66.16). Por isso, vemos também no Novo Testamento que a vida dos cristãos testa, prova e confirma as reivindicações de Cristo. Paulo escreveu aos cristãos de Corinto: "Em tudo, fostes enriquecidos nele, em toda a palavra e em todo o conhecimento; assim como o testemunho de Cristo tem sido confirmado em vós" (1 Co 1.5-6). A verdade do evangelho, que alguém compartilhou conosco, é provada em nossa vida diária. Devemos dar testemunho dessa experiência maravilhosa. Devemos deleitar-nos em Deus e compartilhar nosso deleite verbalmente com os outros. Esse testemunho pode *contribuir* à evangelização.

Michael Green conta a história de ter participado de um evento de evangelização. Foi uma ocasião cheia de cristãos que deram testemunho de sua vida cristã. Green disse que, em determinado momento, uma professora incrédula encostou-se nele e cochichou: "Sabe, não acredito em nada disso". Green respondeu: "Eu sei, mas você não gostaria de acreditar?" E, como ele narrou: "Com essa observação, lágrimas brotaram nos olhos daquela mulher. Sua mente dizia 'não', mas seu coração anelava ouvir".[1] Testemunhos são poderosos.

Um dos testemunhos clássicos foi dado por um homem cego que Jesus curou. Ao ser questionado, depois que Jesus o curou, ele respondeu: "Se [Jesus] é pecador, não sei; uma coisa sei: eu era cego e agora vejo" (Jo 9.25). O homem ignorou as perigosas ameaças dos mais honrados e mais respeitados do que ele, para dar esse testemunho verbal do poder de Deus. É um testemunho maravilhoso e poderoso, mas não é evangelização. Nele não há evangelho. O homem nem mesmo sabia quem era Jesus.

Em nossa igreja, em Washington, um dos destaques de nosso culto matinal de domingo acontece depois do culto quando, após o sermão, temos batismos. Depois do canto de um hino, a congregação senta, e aqueles que devem ser batizados vêm à frente. Nós lhes pedimos que, um por um, apresentem-se e compartilhem seu testemunho. Nas primeiras poucas ocasiões em que fizemos isso, observamos que as pessoas contavam sua própria conversão – e de modo bem comovente – mas não compartilhavam com clareza o evangelho. Embora isso fosse estimulante para a igreja reunida ali, os não-cristãos presentes (incluindo amigos e familiares dos que seriam batizados) não ouviam o evangelho nos testemunhos.

Por isso, começamos a pedir aos interessados no batismo que escrevam seu testemunho uma semana antes e

---

[1] JOHNSTON, Graham. *Preaching to a postmodern world*. Grand Rapids, MI: Baker, 2001. p. 136.

examinem-no com um membro da equipe pastoral. Uma das principais coisas que desejamos com isso é assegurar-nos de que o evangelho está não somente implícito no testemunho, mas também explícito e claro, de modo que os não-cristãos presentes sejam evangelizados, quando ouvirem o testemunho de seus amigos. Um relato de uma vida mudada é maravilhoso e inspirador, porém é o evangelho de Cristo que explica por que e como a mudança aconteceu. É o evangelho que torna o compartilhar um testemunho em evangelização.

Com certeza, um testemunho do que sabemos Deus tem feito em nossa vida pode incluir as boas-novas, mas também pode não incluir. Ao contar às pessoas como temos visto Deus nos ajudar, podemos não deixar claro as suas exigências para a nossa vida ou não explicar o que Cristo fez na cruz. É bom compartilharmos um testemunho do que Deus tem feito em nossa vida, mas, quando damos nossos testemunhos, podemos não deixar claro quais são as exigências de Cristo para as outras pessoas. Para evangelizar, temos de ser claro a respeito disso.

Gostaria de compartilhar com você uma palavra de cuidado especial. O testemunho é popular nesta época pós-moderna, do "isso é bom para você". Quem se oporia à sua maneira de pensar, se você está obtendo algo bom de Cristo? Mas espere e veja o que acontece quando você tenta mudar a conversa, do que Jesus tem feito por você para os fatos da vida, morte e ressurreição de Cristo e como isso se aplica ao seu amigo não-cristão. Nesse momento descobrimos que testemunho não é necessariamente evangelização.

3) AÇÃO SOCIAL E ENVOLVIMENTO PÚBLICO

Alguns cristãos confundem ação social e envolvimento público com evangelização.

Enquanto este livro está sendo escrito, uma nova biografia de William Jennings Bryan acaba de ser lançada. Bryam foi por três vezes o candidato democrata à presidência dos Estados Unidos. Ele era um fervoroso cristão evangélico, um evangelista capaz e incansável trabalhador por reformas sociais. Ele andava por todo o país dando palestras sobre as condições nas fábricas, defendendo uma jornada semanal de trabalho mais curta, promovendo a idéia de um salário mínimo e advogando a tributação progressiva. Enquanto Bryan trabalhava por essas coisas, ele estava evangelizando? Certamente ele se envolveu nelas com o melhor dos motivos, o bem dos membros mais vulneráveis da sociedade. Seu desejo de corrigir erros sociais era excelente; seus desejos recomendavam o Deus que ele afirmava representar. Mas, Bryan estava evangelizando?

Se alguém tivesse concordado com o fato de que Bryan estava expondo problemas reais, mas houvesse discordado das soluções que ele oferecia, isso teria indicado que tal pessoa estava se opondo à evangelização, ao evangelho e ao reino de Deus? Lembro que nos anos 1980 um líder evangélico proeminente era proponente de um desarmamento nuclear unilateral. Ele sustentava a idéia de que, independentemente do que "o outro lado" fizesse, o governo dos Estados Unidos deveriam eliminar suas armas nucleares. Ele justificou isso em nome de advogar a paz. Mas, o que aconteceria se essa ação, apesar de suas melhores intenções, encorajasse uma guerra? Ou, se a paz fosse realmente alcançada pela "paz mediante a superioridade nuclear", como dizia uma camiseta?

Das muitas ações planejadas para melhorar a sociedade, algumas são maravilhosas (por exemplo, a abolição da escravatura), e algumas são terríveis (por exemplo, a legalização do aborto). Nenhuma delas, nem mesmo a melhor, é o evangelho de Jesus Cristo.

Envolver-se em ministérios de misericórdia pode *recomendar* o evangelho. Por isso, Jesus ensinou: "Assim brilhe também a vossa luz diante dos homens, para que vejam as vossas boas obras e glorifiquem a vosso Pai que está nos céus" (Mt 5.16). Pedro ecoou esse ensino quando escreveu: "Mantendo exemplar o vosso procedimento no meio dos gentios, para que, naquilo que falam contra vós outros como de malfeitores, observando-vos em vossas boas obras, glorifiquem a Deus no dia da visitação" (1 Pe 2.12). Mostrar a compaixão e a bondade de Deus, por nossos atos, é uma coisa boa e conveniente que deve ser praticada pelos cristãos. Jesus sugeriu isso quando contou a história das ovelhas e dos bodes (Mt 25). Mateus concluiu a história citando estas palavras de nosso Senhor: "Sempre que o deixastes de fazer a um destes mais pequeninos, a mim o deixastes de fazer" (Mt 25.45). Todavia, essas ações não são evangelização. Elas recomendam o evangelho, mas não o compartilham com ninguém. A *evangelização* acontece quando o evangelho é comunicado claramente, em forma escrita ou oral.

Quando afastamos nossos olhos de Deus e os fixamos na humanidade, males sociais substituem o pecado, problemas horizontais tomam o lugar do problema vertical e fundamental entre nós e Deus, e o ganhar eleições eclipsa o ganhar almas. No entanto, Provérbios 11.30 diz: "O fruto do justo é árvore de vida, e o que ganha almas é sábio". Nossa prática de evangelização pode envolver cruzadas em favor de virtudes públicas, de programas de compaixão ou de outras mudanças sociais. Mas, como disse Donald McGavran, o bem conhecido missionário de meados do século passado: "Evangelizar não é proclamar a desejabilidade de um mundo sem bebidas alcoólicas e persuadir as pessoas a votarem a favor da proibição. Evangelizar não é proclamar a desejabilidade de compartilhar as riquezas e persuadir as pessoas a tomarem uma ação política para conseguir isso".[2]

Evangelizar não é declarar o plano político de Deus para as nações, nem recrutar pessoas para a igreja. É declarar o evangelho aos homens e às mulheres. As sociedades são desafiadas e mudadas quando, por meio deste evangelho, o Senhor coloca homens e mulheres juntos nas igrejas para demonstrarem o caráter de Deus e cumprirem suas vocações no mundo. Como aprendemos ao considerar o rei Davi, governar bem é uma coisa excelente (cf. 2 Sm 23.3-4), mas isso não é evangelização. Ser um marido, pai, mãe, patrão ou empregado – e a lista poderia prosseguir – é uma

---

2 MCGAVRAN, Donald. The dimensions of world evangelization. In: DOUGLAS, J. D. (Ed.). *Let the Earth hear his voice*. Minneapolis: Worldwide Publications, 1975. p. 109.

coisa boa. Tudo isso faz parte daquilo que os cristãos são chamados a fazer. Entretanto, realizar essas coisas não é o mesmo que obedecer à ordem de compartilhar o evangelho de Jesus Cristo.

4) APOLOGÉTICA

Outros cristãos confundem apologética com evangelização. À semelhança das atividades que consideramos no ponto anterior, a apologética é uma coisa boa. O apóstolo Pedro nos instrui que devemos estar preparados para mostrar a razão da esperança que temos (1 Pe 3.15). E apologética é fazer exatamente isso. É responder perguntas e objeções que as pessoas podem ter a respeito de Deus ou de Cristo, a respeito da Bíblia ou da mensagem do evangelho.

Apologistas do cristianismo argumentam em favor de sua veracidade. Eles sustentam que o cristianismo explica melhor o senso de anelo que todas as pessoas parecem ter. O cristianismo explica melhor a racionalidade humana. Se harmoniza melhor com a ordem. Eles podem argumentar (como o fez C. S. Lewis em *Cristianismo Puro e Simples*) que o cristianismo se harmoniza melhor com o senso moral que todas as pessoas têm em sua natureza. O cristianismo lida melhor com problemas de alienação e de ansiedade. Os cristãos podem – e devem – argumentar que a franqueza do cristianismo quanto à morte e à mortalidade recomenda-o. Esses podem ser bons argumentos que devemos ter.

Outras vezes, podem não ser. Certa vez, quando eu ministrava uma série de palestras evangelísticas em uma universidade na Inglaterra, fiquei tão dominado, em uma palestra, pela tentativa de antecipar objeções ao evangelho cristão – e respondê-las! – que receio ter sido mais eficiente em sugerir novas maneiras de duvidar do evangelho do que em apresentá-lo a alguém naquela noite. Visto que eu havia sido agnóstico, a apologética tem sido bem importante para mim. Deus usou coisas como debater sobre a ressurreição de Cristo para trazer-me à fé em Cristo. Mas nem todas as pessoas têm as mesmas perguntas. Não somos idênticos em nossa constituição. Não devo evangelizar supondo que todo não-cristão seja como eu mesmo era, com todos os meus problemas, questões, objeções e argumentos.

No entanto, como observamos em relação a dar testemunho ou trabalhar por justiça social, praticar apologética é uma coisa boa, mas não é evangelização. Responder perguntas e defender aspectos das boas-novas pode fazer parte das conversas dos cristãos com os não-cristãos. E, embora a apologética possa ter sido uma parte de nossa leitura, pensamentos e conversas, quando viemos a Cristo, essa atividade não foi evangelização.

A apologética pode oferecer oportunidades excelentes para evangelização. Estar disposto a engajar-se em conversas sobre de onde viemos ou o que está errado com este mundo pode ser uma maneira significativa de introduzir discussões honestas sobre o evangelho. Nesse sentido, os cristãos podem fazer perguntas aos seus amigos não-cristãos sobre o propósito da vida, o que acontecerá depois da morte ou a identidade de Jesus Cristo. Qualquer desses assuntos demandará trabalho e pensamento cuidadoso, mas pode facilmente levar à evangelização.

Na faculdade, liderei um grupo de discussão para muitos de meus colegas que eram ateístas. Realizávamos as reuniões em um quarto do dormitório – alguns ateístas, eu e, ocasionalmente, outro cristão. Os ateístas estabeleciam a agenda. Apresentavam as questões, e nós as discutíamos. Eu tentava respondê-las e lhes apresentava as minhas. No final do dia, por causa de todo o tempo que isso tomava, não posso dizer quão proveitoso havia sido.

Também devemos dizer que a apologética tem seu próprio conjunto de perigos. Você pode, involuntariamente, confirmar alguém em sua incredulidade por causa de sua inabilidade para responder perguntas que são impossíveis de ser respondidas. Você pode facilmente deixar a impressão de que, se não sabe responder as perguntas de seus amigos, também não sabe, de fato, o bastante para crer que o evangelho cristão é verdadeiro. Contudo, só porque não sabemos tudo, isso não implica que não sabemos algumas coisas. Todo conhecimento que existe neste mundo é limitado. Partimos do que sabemos e desenvolvemos isso. Todos, desde a mais tenra criança até ao mais famoso cientista pesquisador, fazem isso. A apologética pode ser uma obra importante, mas deve ser realizada com cuidado.

O maior perigo da apologética é sermos distraídos da mensagem principal. A evangelização não é defender o nascimento virginal ou a historicidade da ressurreição.

A apologética é defender a fé, respondendo as perguntas dos outros a respeito do cristianismo. É responder a agenda que outros estabelecem. Evangelizar é seguir a agenda de Cristo, as notícias a respeito dele. A evangelização é o ato positivo de contar as boas-novas sobre Jesus Cristo e o caminho da salvação por meio dele.

5) OS RESULTADOS DA EVANGELIZAÇÃO

Por fim, um dos erros mais comuns e mais perigosos na evangelização é confundir os seus *resultados* – a conversão de incrédulos – com a própria evangelização, que é o simples contar a mensagem do evangelho. Essa pode ser a confusão mais sutil; contudo, apesar disso, ainda é confusão. A evangelização não deve ser confundida com seu fruto. Ora, se combinarmos essa confusão com a confusão quanto ao próprio evangelho e ao que a Bíblia diz sobre a conversão, é possível que acabemos pensando não somente que evangelizar é ver os outros convertidos, mas também que isso está em nosso poder!

De acordo com a Bíblia, converter pessoas não está em nosso poder. E evangelização não pode ser definida em termos de resultados, mas somente em termos de fidelidade à mensagem pregada. John Stott disse: "Evangelizar... não significa ganhar convertidos... mas apenas anunciar as boas-novas, independentemente dos resultados".[3]

---

3 STOTT, John. The biblical basis of evangelism. In: DOUGLAS, J. D. (Ed.). *Let the Earth hear his voice.* Minneapolis: Worldwide Publications, 1975. p. 69.

O que Não é Evangelização?

No Congresso de Lausanne, realizado em 1974, a evangelização foi definida assim:

> Evangelizar é propagar as boas-novas de que Jesus Cristo morreu por nossos pecados, foi ressuscitado dentre os mortos, segundo as Escrituras, e de que, como Senhor que reina, ele oferece agora o perdão dos pecados e o libertador dom do Espírito a todos os que se arrependem e crêem.[4]

Paulo escreveu: "Somos para com Deus o bom perfume de Cristo, tanto nos que são salvos como nos que se perdem. Para com estes, cheiro de morte para morte; para com aqueles, aroma de vida para vida. Quem, porém, é suficiente para estas coisas?" (2 Co 2.15-16). Observe que o mesmo ministério tem dois efeitos diferentes. Como mostrado na parábola dos solos, não é certa técnica de evangelização que sempre leva a conversões. A mesma semente foi plantada em vários lugares. A resposta variou não de acordo com o modo como a semente foi plantada, mas de acordo com a natureza do solo. Assim como Paulo não podia julgar se pregava corretamente baseando-se na maneira como as pessoas reagiam à sua mensagem, assim também não podemos julgar a exatidão do que fazemos pela reação imediata que vemos.

Cometer esse erro deturpa igrejas bem intencionadas

---

4 DOUGLAS, J. D. (Ed.). *Let the Earth hear his voice*. Minneapolis: Worldwide Publications, 1975. p. 4. The Lausanne Covenant.

levando-as ao pragmatismo e a ministérios norteados por resultados. Também corrompe o cristão individual dando-lhe um senso de fracasso, aversão e culpa. Como diz certo livro:

> Evangelizar não é persuadir as pessoas a tomarem uma decisão. Não é provar que Deus existe ou formular uma boa argumentação em favor verdade do cristianismo. Não é convidar alguém a vir a uma reunião. Não é expor o dilema contemporâneo ou despertar interesse no cristianismo. Não é usar um distintivo que diz "Jesus Salva". Algumas dessas coisas podem ser certas em seu devido lugar, mas nenhuma delas deve ser confundida com evangelização. Evangelizar é declarar na autoridade de Deus o que ele fez para salvar pecadores, advertir os homens de sua condição de perdidos, dirigi-los a arrependerem-se e crerem no Senhor Jesus Cristo.[5]

Quem pode negar que a maior parte da evangelização moderna se tornou emocionalmente manipulativa, procurando apenas causar uma decisão momentânea da vontade do pecador, mas negligenciando a idéia bíblica de que a conversão é o resultado do ato gracioso e sobrenatural de Deus para com o pecador?

D. Martyn Lloyd-Jones contou a história de um homem que ficou desapontado com o fato de que Lloyd-Jones

---

5 CHEESEMAN, John. *Saving grace*. Edinburgh: Banner Of Truth, 1999. p. 113.

não fizera uma chamada pública para que alguém fosse à frente, depois do sermão pregado na noite anterior. "Sabe de uma coisa, doutor? Se o senhor me tivesse convidado para demorar-me mais um pouco, na noite passada, eu lhe teria atendido".

"Pois, bem", respondeu o doutor, "agora estou lhe fazendo um convite. Venha comigo".

"Não, não", disse o homem, "mas, se o senhor me tivesse convidado na noite passada, eu teria atendido".

"Meu amigo", argumentou o doutor, "se o que lhe aconteceu ontem à noite não perdurou por vinte e quatro horas, não estou interessado nisso. Se você não está pronto a vir comigo agora, conforme estava na noite passada, você não entendeu a coisa certa e verdadeira. Não importa o que o afetou na noite passada, era algo apenas temporário e passageiro; e você ainda não conseguiu, de fato, perceber sua necessidade de Cristo".[6]

E problemas como esse às vezes se ampliam por se estabelecerem em uma cultura eclesiástica. Um pastor contou:

> Sentei-me à mesa com um "grande" pregador. Sua igreja tinha cinco mil pessoas em um domingo de manhã. Fiz-lhe perguntas sobre sua estratégia de evangelização. Ele disse que sua igreja empregava dois alunos de seminário e exigia que cada um deles tivesse duas pessoas vindo à frente, para receber o batismo, todo domingo.

---

6 LLOYD-JONES, D. Martyn. *Pregação & Pregadores*. 2ª Ed. São José dos Campos, SP: Fiel, 2008. p. 256-257.

Portanto, o mínimo de quatro pessoas "professariam a fé" cada domingo – seriam 208 por ano. E acrescentou: "Você não recebe convites para pregar em conferências de evangelização a menos que batize 200 pessoas por ano." Fiquei perplexo. Fiz uma pequena investigação! Perguntei-lhe: e o que acontecerá se, chegando o domingo, os seminaristas não tiverem as duas pessoas que professarão a fé? Ele respondeu: "Contratarei seminaristas que sejam capazes de fazer o trabalho". Continuei: e se esses rapazes forem obrigados a usar desvios teológicos para cumprirem sua quota? Ele se mostrou indiferente e achou minha pergunta trivial, irritante, fruto de uma consciência muito sensível.[7]

Quando estamos envolvidos num programa em que os convertidos são contados rapidamente, as pessoas são pressionadas a tomarem decisões, e a evangelização é avaliada por seus efeitos imediatos e óbvios, estamos envolvidos em arruinar a verdadeira evangelização e as igrejas. A história está cheia de exemplos de pessoas que vieram a Cristo somente meses ou anos depois que o evangelho lhes foi apresentado. Talvez esse seja o seu caso. Foi o que aconteceu comigo e com muitos outros cristãos. Muitos de nós não respondemos ao evangelho na primeira vez que o ouvimos. Você conhece a história de Luke Short?

---

[7] SHERMAN, Cecil. Hard times make for hard thinking. In: STATON, Cecil P. (Ed.). *Why I am a baptist*: reflections on being baptist in the 21st century. Macon, GA: Smyth & Helwys, 1999. p. 136-137.

O que Não é Evangelização?

Demorou muito tempo para que se desse a conversão do Sr. Luke. Ele era um agricultor na Nova Inglaterra e já havia chegado aos cem anos de idade. Certo dia, em meados dos anos 1700, Luke Short estava assentado nos seus campos, meditando sobre a sua longa vida. Enquanto meditava, "ele recordou um sermão que ouvira em Dartmouth [Inglaterra], quando era rapaz, antes de embarcar para a América. O horror de morrer sob a maldição de Deus o impressionou enquanto ele meditava nas palavras que ouvira muitos anos antes; e se converteu a Cristo – oitenta e cinco depois de ouvir a pregação de John Flavel".[8] O pregador, John Flavel havia sido um ministro fiel oitenta e cinco anos antes. Ele foi muito sábio em não pensar que veria imediatamente todos os frutos do sermão que pregara naquele dia.

A chamada cristã à evangelização não é uma chamada a persuadir as pessoas a tomarem uma decisão, e sim a proclamar-lhes as boas-novas da salvação em Cristo, a exortá-las ao arrependimento e dar a Deus toda a glória pela regeneração e conversão. Não falhamos em nossa evangelização se anunciamos fielmente o evangelho a outra pessoa que não se converte. Falhamos apenas quando não anunciamos fielmente o evangelho. A evangelização não é, em si mesma, converter as pessoas; é dizer-lhes que precisam converter-se e como o podem ser convertidas.

A evangelização não é a imposição de nossas idéias aos outros. Não é o testemunho pessoal. Não é ação social. Pode não envolver apologética e não é o mesmo que os resulta-

---

[8] FLAVEL, John. *Mystery of providence*. Edinburgh: Banner of truth, 1963. p. 11.

dos de evangelizar. A evangelização é anunciar às pessoas a maravilhosa verdade sobre Deus, as grandes notícias sobre Jesus Cristo. Quando entendemos isso, a obediência à chamada de evangelizar pode tornar-se certa e prazerosa. Entender isso aumenta a evangelização, pois esta deixa de ser uma responsabilidade motivada por culpa e se torna um privilégio exultante.

Mas, o que acontece quando entendemos corretamente o que é a evangelização e não a fazemos? O que deve acontecer depois? Isso é o que trataremos no próximo capítulo.

CAPÍTULO 6

DEPOIS DE EVANGELIZAR, O QUE DEVEMOS FAZER?

Garanti a um jovem amigo cristão que eu cuidaria de conduzir as conversas. "Além disso", argumentei, "as pessoas estão freqüentemente interessadas em conversar. E, se não mostram interesse nisso, muitas delas são bem educadas".

Não creio que meu amigo estivesse convencido de tudo que eu disse. Quando chegamos ao primeiro homem, que lia um livro, encostado a uma árvore grande e velha, comecei a envolvê-lo numa conversa.

Ele olhou para mim, parecendo moderadamente irritado e disse: "Vá para o inferno!" Embora não tenhamos seguido as suas instruções, saímos daquele lugar.

À medida que meu amigo e eu iniciávamos conversas, encontrávamos reações diferentes. E isso é o que acontece em toda a nossa evangelização. Obtemos respostas diferentes ao evangelho. Isso é verdadeiro na evangelização pessoal. Também é verdadeiro na evangelização feita em relacionamentos mais demorados, nos quais anunciamos o evangelho em todo o tempo aos nossos amigos não-cristãos.

Quando confrontadas com a ordem de Jesus para que se arrependam e creiam, muitas pessoas obedecem, muitas não. Entre aquelas que obedecem, as suas respostas não parecem, todas, idênticas. Até aqueles que rejeitam o evangelho não o fazem, todos, da mesma maneira.

RESPOSTAS NEGATIVAS

"Sou indeciso." De vez em quando, muitos de nós temos problemas em tomar decisões. Podemos ser bem decididos em alguns assuntos, mas não em todos os assuntos. Queremos postergar muitas decisões, enquanto for possível, para que nossas opiniões continuem abertas.

Fui "indeciso" por muito tempo. Gastei talvez de dois a quatro anos (depende da maneira como conto) considerando as reivindicações de Cristo. Com base em João 3.36, entendo agora que a ira de Deus permanecia sobre mim enquanto eu era incrédulo. Mas, ao mesmo tempo, estava lendo a Bíblia e pensando sobre seguir a Cristo. À luz de uma perspectiva teológica, posso dizer agora que Deus estava me atraindo. Contudo, naquela época, os cristãos que estavam próximos de mim podiam apenas dizer que eu era um "indeciso". E isso é tudo que eu podia perceber quanto a mim mesmo.

Consideradas sob determinado aspecto, as pessoas são indecisas por várias razões. Talvez não estejam certas de sua necessidade e, por isso, da importância da mensagem que compartilhamos com elas. Podem ser indecisas quanto a algo básico como a existência de Deus ou se nós, aqueles que compartilham a mensagem, confiamos na verdade da Bíblia. Inúmeras pessoas são indecisas apenas porque são despreocupadas e indiferentes. Não estão convencidas de que estão em perigo. Não podem imaginar que tenham feito algo bastante mau que mereça qualquer tipo conseqüência terrível da qual precisam ser salvas. Mas, independentemente da razão, elas não estão seguras. Não estão cientes do perigo da indiferença para com Deus, não mencionando a sua rebelião pessoal para com ele. Podem raciocinar que ser indeciso não é o mesmo que ser contra algo ou contra alguém.

É claro que "indecisos" não são contados como discípulos. O silêncio pode ser usado como anuência na argumentação jurídica, mas não em seguir a Jesus. Ele disse: "Quem não é por mim é contra mim" (Mt 12.30: Lc 11.23).[1] Se as pessoas nos dizem que não podem decidir, não podemos forçá-las a fazer isso, mas, ao mesmo tempo, não devemos confortá-las em sua indecisão, como se Deus reconhecesse a validade de um tipo de estado espiritual intermediário. Na rebelião da humanidade para com Deus, não há neutralidade.

---

1 Em Marcos 9.40 Jesus disse: "Quem não é contra nós é por nós" (cf. Lc 9.50). Aqui, porém, ele parecia estar falando aos discípulos sobre as boas obras feitas em nome de Cristo por alguém que não era um dos doze. Nas declarações registradas em Marcos 12.30 e Lucas 11.23, Jesus parecia estar advertindo os líderes religiosos incrédulos quanto ao perigo de indiferença para com ele.

No livro de Atos dos Apóstolos, Lucas relatou a pregação de Paulo a todos os tipos de pessoas. Entre essas, haviam aqueles que Paulo evangelizou e não responderam arrependendo-se e crendo, mas que desejaram ouvi-lo novamente.

Sabemos que Félix, governador romano em Cesaréia, disse a Paulo depois de ter ouvido o seu testemunho: "Por agora, podes retirar-te, e, quando eu tiver vagar, chamar-te-ei" (At 24.25). Continuando a leitura, vemos que o motivo de Félix era a avareza. Ele esperava, "ao mesmo tempo, que Paulo lhe desse dinheiro; pelo que, chamando-o mais freqüentemente, conversava com ele" (At 24.26).

Um pouco diferente foi o testemunho de Paulo para o rei Agripa. Depois de haver compartilhado o evangelho com Agripa, este respondeu: "Por pouco me persuades a me fazer cristão" (At 26.28). Essa foi uma resposta essencialmente negativa. Agripa estava rejeitando o testemunho evangelístico de Paulo e até parecia reprová-lo por sua ousadia. É interessante que Agripa não somente negou o evangelho, mas também deixou implícito que, se tivesse de ser convencido do evangelho, precisava de mais tempo para isso.

Não podemos saber o que Agripa pensava. E não podemos saber o que pensam aqueles para os quais temos anunciado o evangelho. Contudo, eles devem saber isto: se não acham que estão tomando uma decisão quanto a Cristo, na realidade estão tomando uma decisão quanto à sua própria vida. Não podem evitar. Viverão como se Cristo fosse o Senhor ou como se não o fosse.

Podemos manter em suspense as nossas conclusões, mas não podemos fazer o mesmo com a nossa vida. Ninguém jamais experimentará uma trégua no conflito de senhorio. Há somente duas opções. E cada um de nós vive neste mundo como se apenas um destes dois fossem o Senhor – Deus ou o ego.[2]

Outra resposta negativa é "*Eu quero esperar*". Eu não somente era um "indeciso", mas também queria "esperar". "Aquele que espera" é muito semelhante a um indeciso. Pode ou não ser um "indeciso". Tanto o esperar como o não decidir têm algumas similaridades. Aqueles que são indecisos esperam. Mas talvez esperem apenas porque não querem as conseqüências de uma decisão. "Aquele que espera" pode ser uma pessoa que não quer fechar a porta à fé cristã, por rejeitá-la, pelo menos ainda não. Ou pode ser uma pessoa que não quer se arrepender de seus pecados, pelo menos ainda não. Essas pessoas podem não ser indecisas autoconscientes, mas querem ficar livres de ter de decidir. Por alguma razão, elas querem mais tempo.

Assim como no caso do "indeciso", devemos respeito aquele que deseja "esperar". Não podemos forçar alguém a tomar uma decisão. Não podemos forçá-lo a chegar a uma resolução definitiva. Todavia, podemos ser claros quanto ao perigo de esperar.

Esperar é uma resposta negativa, embora seja expressa na mais ambivalente e refinada hesitação. "Esperar" é outra

---

[2] Uma excelente apresentação evangelística que se focaliza nesta dicotomia é *Two Ways to Live* (Kingsford, Australia: Matthias Media, 1989). Ou veja uma apresentação eletrônica em http://www.matthiasmedia.com.au/2wtl/.

forma de "não". Isso não significa que não pode tornar-se um "sim", mas ainda não é um "sim". Pela graça de Deus, tanto "não" como "esperar" podem ser transformados em "sim" para o evangelho, mas, até que isso aconteça, ambos são respostas negativas.

Uma famosa história sobre o perigo de uma resposta postergada envolve D. L. Moody, o famoso evangelista do século XIX. Em uma reunião evangelística que chegava ao final, Moddy disse: "Agora, desejo que vocês levem consigo essa pergunta e pensem sobre ela; e, quando retornarem no próximo domingo, gostaria que me dissessem o que farão a seu respeito". Seu líder de cânticos, Ira Sankey, cantou um hino: "Hoje, o Salvador Chama". Algum tempo depois da reunião naquela noite, começou um fogo. Antes do meio-dia seguinte, grande parte de Chicago fora destruída por fogo, incluindo o prédio da igreja de Moody. Talvez 300 pessoas morreram e milhares ficaram sem casa. Como reação ao acontecimento, Moody assumiu o compromisso de nunca mais dar a uma congregação uma semana para que pensassem sobre a sua necessidade de salvação.

Se, depois de você ter evangelizado alguém, ele reagir dizendo: "Vou esperar", pode estar expressando medo das exigências que lhe sobreviriam se assumisse tal compromisso. "Esperar" significa quero que a situação continue como está agora.

Se você sente que as pessoas não estão realmente atraídas para o evangelho, seja claro e, depois, siga adiante. Continue a orar por elas. Assegure-se de que entendam o que você diz, mas compreenda que você as evangelizou. Você testemunhou, compartilhou o evangelho e se mostrou fiel. Compartilhamos, mas, como disse Paulo aos cristãos de Corinto: "Eu plantei, Apolo regou; mas o crescimento veio de Deus" (1 Co 3.6). É claro que algo mais tem de acontecer no coração dessas pessoas, e devemos cooperar orando em favor da obra do Espírito e procurando viver de maneira agradável, provocativa, atraente, alegre, autêntica em redor de nossos amigos.

Talvez eles queiram esperar porque, embora tenham decidido continuar como estão – sem Cristo –, querem preservar seu relacionamento com você. Sabem que você é um cristão. Querem sua aprovação ou, pelo menos, sua amizade. Assim, em vez de rejeitá-lo completamente, eles apenas evitam, procrastinam e demoram. Eles esperam.

Por outro lado, talvez reconheçam que estão se tornando convencidos, que estão decidindo seguir a Cristo; mas relutam a arrepender-se de alguns pecados. Talvez relutem por causa de um relacionamento com uma namorada, um amor por bebidas ou um desejo de continuar em um esquivamento pecaminoso de responsabilidade. Independentemente de qual seja a razão, quando eles começam a admitir a verdade do evangelho e a encarar com seriedade as reivindicações de Deus para suas vidas, acham em si mesmos um desejo de parar. "Espere um pouco!", eles dizem. "Estou realmente certo de que desejo muito abandonar isso?" Posso entender essa reação. Embora a feiúra do pecado se torne evidente quando abandonamos um pecado específico, antes ele nos era atraente e, até, sedutor.

Portanto, se você sente que alguém está se tornado atraído ao evangelho, seja paciente. Tenho lido livros sobre evangelização pessoal que falam da necessidade de proteger a privacidade de uma pessoa, enquanto ela está decidindo. Lembro-me de um livro que até sugeriu fecharmos a porta, para que nós e aquele que estamos levando a Cristo não sejamos interrompidos. Tenho dúvidas quanto a isso...

Não sei o que você pensa, mas concordo com a afirmação de Martyn Lloyd-Jones, citada no capítulo anterior, a respeito do homem que queria tomar uma decisão numa noite, mas não o fez porque Lloyd-Jones não dirigiu um convite público. O homem lhe disse no dia seguinte que não queria fazer nenhuma decisão, embora a teria feito na noite anterior. Lloyd-Jones respondeu-lhe: "Se o que lhe aconteceu ontem à noite não perdurou por vinte e quatro horas, não estou interessado nisso. Se você não está pronto a vir comigo agora, conforme estava na noite passada, você não entendeu a coisa certa e verdadeira. Não importa o que o afetou na noite passada, era algo apenas temporário e passageiro; e você ainda não conseguiu, de fato, perceber sua necessidade de Cristo".[3]

Interromper alguém no processo de decidir-se por seguir a Cristo pode realmente ajudá-lo. Afinal de contas, a sua vida como cristão será cheia de interrupções, de pessoas que o distrairão, o desencorajarão e, até,

---

3 LLOYD-JONES, D. Martyn. *Pregação & Pregadores*. 2ª Ed. São José dos Campos, SP: Fiel, 2008. p. 256-257.

zombarão dele por seguir a Cristo. Ter um pouco disso no começo não é algo ruim.

Enquanto escrevo esta seção, estou observando um esquilo em nosso quintal. A princípio, ele estava em cima da cerca e quase a pular para um galho de uma árvore. Mas esperou. Ficou de pé ali por alguns segundos, examinando o galho, balançando para pular, mas não pulou. Estava esperando. Não sei por quê. Acho que ele esperou para ter certeza do momento correto de pular, quando o vento não fosse muito forte, ou os cachorros não estivessem por ali, ou não houvesse outro predador esperando-o na árvore. Quem sabe tudo que estava envolvido naquela situação? Mas o esquilo esperou.

As pessoas podem ser assim também. Ainda que já tenham decidido que querem tornar-se cristãos, compreendem que o que lhes foi descrito significará uma mudança tremenda. Um novo rumo em suas vidas – um nova vida, realmente – está prestes a começar. Posso compreender a tendência natural de fazer uma pausa e avaliar. Esperar – ainda que seja por alguns momentos – antes de assumirem o compromisso. Ore por sabedoria para que saiba como responder, ao mesmo tempo que súplica ao Espírito de Deus que continue sua obra no coração deles.

Outra resposta negativa é *"Agora não"*. Não pretendo falar muito sobre ela. Muito dessa resposta foi abordado nas considerações sobre o "indeciso" e o "esperar". Um "agora não" significa: "Posso pensar sobre isso mais tarde, agora não estou persuadido. Não gosto do custo. Não digo apenas 'vou esperar'. Estou sendo um pouco mais definido.

Estou dizendo: 'não – pelo menos, agora'. Não sou um indeciso. Entendo que você deseja que eu siga a Cristo agora; a isso eu respondo: 'não'. Talvez em algum momento no futuro eu possa pensar de modo diferente sobre isso, mas, para este ano, para este mês, para hoje, conforme vejo as coisas, estou dizendo: 'não, agora não'".

Eu era alguém que dizia "agora não". Não estava certo de que o cristianismo era errado. Era um agnóstico. E, quando comecei a mover-me em direção ao cristianismo, enquanto lia os evangelhos, pensei por um tempo, considerando a questão de tornar-me um cristão e concluindo: "agora não". Achei que era demais abraçá-lo imediatamente e comprometer-me com ele. Mas continuei a ler, freqüentar uma igreja e pensar. Eu realmente não orava, pelo menos, não muito.

É claro que há menos esperança nos que dizem "Agora não". Um "agora não" pode ser um resoluto "não", expresso com alguma humildade. Ou pode estar manifestando uma compreensão de que a mente da pessoa está aberta a ser mudada, embora a mudança ainda não tenha acontecido. Também pode ser uma maneira educada de dizer a próxima resposta que desejamos considerar.

"Não, *nunca*." Acho que jamais fui uma pessoa que disse "não, nunca". Essa é a resposta negativa mais severa. Paulo disse implicitamente "não, nunca", em Atos 7 e 8, quando perseguiu os cristãos, aprovando o martírio de Estêvão. Quem diz "não, nunca" está, na realidade, declarando: "Examinei tudo que precisava ser examinado no cristianismo, considerei tudo que precisava ser considerado no cristianismo. O passar do tempo não mudará nada quanto a isso. A mensagem do cristianismo não é verdadeira. Certamente, não é verdadeira para mim!"

A certeza do "não, nunca" nos informa quão firmes são os sentimentos da pessoa; mas não nos diz com exatidão infalível o que acontecerá no final. Estou certo de que muitos cristãos – talvez você seja um deles – foram, em algum tempo, pessoas que disseram "não, nunca".

De acordo com a Bíblia, os não-cristãos são espiritualmente cegos. Seus olhos não estão abertos para as verdades espirituais. São mortos para as coisas de Deus. Suas próprias afirmações sobre as coisas espirituais podem ser sinceras, mas não são necessariamente acuradas.

Na verdade, aqueles que rejeitam obstinadamente o evangelho devem, apesar disso, ser tratados com respeito. Não precisamos fazer um apelo a eles toda vez que os vemos. Esses apelos poderiam simplesmente repeli-los. Para amigos assim devemos continuar a ser fiéis, sabendo que a força da resposta deles pode indicar uma força que, algum dia, Deus converterá e usará para cumprir seus objetivos. Paulo era um forte oponente do evangelho, mas, apesar disso, tornou-se um evangelista poderoso. Assim como no caso de outras respostas negativas, o "não, nunca" é, também, melhor enfrentado com oração incessante. E podemos continuar vivendo em meio àqueles que têm essa resposta, de um modo que demonstre as grandes verdades do evangelho cristão. Permita que eles vejam sua vida e caráter. Podemos deixá-los observar a família de nossa igreja, uma comunidade de cristãos que seguem a Cristo juntos, ajudam-se e cuidam uns dos outros.

RESPOSTAS POSITIVAS

Agora, pensemos sobre aqueles que aceitam o evangelho. O que fazemos àqueles que aceitam as novas que lhes anunciamos e professam arrependimento e fé? Nenhum livro pode responder plenamente essa pergunta. E, com certeza, este livro também não a responderia. Entretanto, a Bíblia nos dá todas as instruções que necessitamos. E achamos na Bíblia que esses novos cristãos devem ser trazidos à comunhão de uma igreja local. Devemos oferecer-lhes todos os privilégios e todas as responsabilidades da família cristã. Devem ser batizados e admitidos à Ceia do Senhor. Precisam receber orientação e conselhos, amor e apoio, cuidado e ensino. O relacionamento deles com a igreja local amadurecerá e mudará à semelhança de seu relacionamento com o cônjuge e os amigos. Às vezes, eles precisarão de algo mais. Em outro estágio da vida cristã, necessitarão de outros tipos de apoio, correção ou instrução.

Em toda a vida cristã, o novo cristão deve continuar sendo ensinado a respeito do que significa seguir a Jesus. A evangelização encontra sua realização no discipulado do novo cristão, que implica assentar-se sob o ministério de pregação da Palavra, ser batizado, participar da Ceia do Senhor, orar, estudar a Bíblia, arrepender-se e crer. As boas-novas não são apenas a respeito de comutar uma sentença eterna, mas também de começar um relacionamento eterno. Crer verdadeiramente em Cristo sempre se manifestará em segui-lo.

No entanto, alguns dos que dizem "sim" são falsos. Às vezes, as pessoas dizem que se tornaram cristãs, quando, de fato, não se tornaram. Sem dúvida, alguns destes só nos serão revelados no mundo por vir. Às vezes, isso se torna evidente alguns anos depois de aparente discipulado. Outras vezes acontece mais rapidamente, depois de algumas semanas, meses ou anos de confissão cristã. O zelo deles parece retardar. Sua freqüência à igreja se torna irregular. Eles querem continuar dizendo que são cristãos, mas seguir a Cristo é um interesse prático de pouco significado para eles. Envolvem pouco de suas energias e de sua atenção no cristianismo.

Então, um dia, a chama vacilante parece desaparecer. É extinta pelos cuidados deste mundo, a concupiscência da carne, o orgulho da vida. Jesus contou uma parábola a respeito de plantas que brotam com rapidez e morrem logo (Mc 4.5-7). Isso acontece por conta dessas supostamente sinceras mas, na realidade, falsas conversões sobre as quais os cristãos têm sido exortados a se mostrarem pacientes em oferecer segurança e contar os convertidos. George Whitefield disse: "Há tantos ouvintes de solo rochoso, que recebem a Palavra com alegria, sobre os quais decidi suspender meu julgamento até conhecer a árvore por seus frutos. Não posso crer que eles são convertidos, antes de ver os frutos de sua salvação; isso jamais causará qualquer mal a uma alma sincera".[4]

---

4 HARDY, Carey. Tal qual estou. In: MACARTHUR, John (Ed.). *Ouro de tolo*. São José dos Campos, SP: Fiel, 2009. p. 145.

Lembro-me de ter conversado com um amigo com quem eu estudava o Evangelho de Marcos. Ele me disse certa manhã – depois de meses de estudos – que se tornara um cristão. Fiz-lhe algumas perguntas, alegrei-me com ele, levei-o para encontrar-se com a equipe pastoral da igreja, a fim de compartilhar a grande notícia com eles. Depois, oramos com ele, e os outros membros da equipe pastoral saíram, ficando somente ele e eu na sala. Fechei a porta, sentei-me e disse: não estou certo do que realmente lhe aconteceu, mas parece que Deus está fazendo grandes coisas em sua vida. O tempo confirmará. (Disse outras coisas, mas isso é tudo que preciso contar para firmar este argumento.) E o tempo confirmou. Quando nos aproximávamos do batismo, ele foi confrontado com outros pecados. Em cada um dos confrontos, ele teve a escolha de continuar a seguir a Deus e confiar em Cristo ou, visto que chegara a compreender com mais clareza o que o arrependimento significava para a sua vida, de voltar atrás, decidir viver para si mesmo e ter seu prazer imediato como o seu deus.

Louvado seja Deus! Ele escolheu seguir a Cristo. Meu amigo e outros semelhantes a ele são os que verdadeiramente dizem "sim", os quais são a esperança de um evangelista. São os verdadeiros cristãos. Em um tempo, não éramos cristãos. Talvez você foi convertido quando ainda era criança. Talvez você não lembre um tempo em que não seguia a Cristo. Todavia, a Bíblia nos diz que estamos todos, por natureza, em inimizade para com Deus. E, em algum momento, nosso coração foi vivificado para

Deus, e nossa vontade foi inclinada para a vontade dele. Fomos convertidos. Isso é o que desejamos ver como resultado de nossa evangelização.

No entanto, obter esse resultado é o que nos motiva a evangelizar? Se uma resposta positiva lhe parece óbvia, leia o próximo capítulo. Veremos por que devemos realmente enfrentar muitas dificuldades para compartilhar as boas-novas.

CAPÍTULO 7

POR QUE DEVEMOS EVANGELIZAR?

Já vimos que Deus nos chama a evangelizar e nos diz como fazê-lo. A mensagem é a respeito dele. Mas temos uma pergunta final a considerar: por que devemos evangelizar? Em outras palavras, qual é o objetivo final?

O filósofo e matemático francês Blaise Pascal disse certa vez: "A felicidade é o motivo de cada homem, até daqueles que se enforcam". É mesmo? A nossa felicidade é a razão por que fazemos tudo que fazemos? Ou há outros motivos?

Por que faço esta pergunta? Há motivos errados também na evangelização? Ora, essa talvez seja uma pergunta insensata. Afinal de contas, que mal existe em compartilhar o evangelho? Qualquer motivo não justifica a evangelização? Por que temos de procurar um motivo para fazer algo que é, em e por si mesmo, evidentemente bom? Isso não é o mesmo que procurar um motivo para amar o cônjuge e cuidar dos filhos? O que pode ser ganho dessa análise?

Entretanto, há problemas quando o motivo é errado. Por exemplo, você poderia ter um motivo *egoísta* para evangelizar. Embora pareça bastante estranho, você poderia evangelizar pelo desejo de estar certo, ou de querer vencer um argumento de um amigo, ou de ter um reforço psicológico para suas crenças, ou de querer mostrar algum tipo de aparência espiritual diante de seus amigos – ou até diante de Deus –, ou de ter uma reputação como um evangelista bem-sucedido. Sei que, às vezes, compartilhei o evangelho, pelo menos em parte, para que pudesse dizer aos outros que eu havia testemunhado de Cristo para alguém. Não me orgulho desse fato, mas é verdade.

Qual é o motivo correto por que devemos anunciar as boas-novas?

De acordo com a Bíblia, os motivos corretos para a evangelização são o desejo de ser obediente, o amor pelos perdidos e o amor a Deus. Consideraremos cada um deles. E terminarei o capítulo com alguns encorajamentos.

DESEJO DE SER OBEDIENTE

Quando lemos a Bíblia, vemos que a evangelização não é uma idéia inventada por avivalistas itinerantes ou especialistas em marketing. Foi o Senhor Jesus Cristo, ressuscitado, que ordenou ao seus discípulos: "Ide... fazei discípulos de todas as nações, batizando-os em nome do Pai, e do Filho, e do Espírito Santo" (Mt 28.19). O livro de Atos dos Apóstolos nos conta que os discípulos fizeram isso. E Paulo se referiu à sua obrigação de pregar o evangelho (1 Co 9.16-17). Pregar o evangelho era um dever que lhe fora dado (Rm 1.14). Evangelizar era uma ordem a ser obedecida.

E a ordem não foi dada somente aos primeiros discípulos. Consideramos isso no capítulo 3, mas fazemos agora uma breve recordação. Lemos em Atos 8.4: "Os que foram dispersos iam por toda parte pregando a palavra". E esses dispersos não eram apóstolos ou presbíteros. Depois, lemos em Atos 8 a história de Filipe, o diácono, evangelizando um oficial etíope.

No Novo Testamento, uma das passagens mais claras sobre o mandamento de evangelizar está em 1 Pedro. No capítulo 3, Pedro ordena aos novos cristãos: "Antes, santificai a Cristo, como Senhor, em vosso coração, estando sempre preparados para responder a todo aquele que vos pedir razão da esperança que há em vós" (1 Pe 3.15). Fazer isso constitui uma parte do santificar a Cristo como Senhor, ou seja, do obedecer-lhe.

Sabemos que Deus é bom. E sabemos que, se temermos somente a ele (como Pedro instou os cristãos a fazerem), é como se estivéssemos presos a ele, e temos de ir aonde ele nos conduz. Você já presenciou (ou já assistiu a) esqui aquático? Seguir a Cristo é semelhante a esqui aquático. A pessoa que usa os esquis tem uma consideração especial e respeito por aquele que está no barco, porque é o barco que determina aonde irá aquele que está nos esquis. Às vezes, o lago pode estar plácido e a água, calma. Nessas circunstâncias, o esquiador pode não ter problemas em seguir o barco. Mas, às vezes, o barco passa por águas turbulentas. E, visto que o esquiador está segurando a corda de reboque, ele também passará por águas turbulentas.

Deus é muito melhor do que qualquer condutor de barco em saber aonde precisamos ir. A experiência universal de todos que somos cristãos é que Deus nos levará por águas difíceis. Entretanto, se temos única e verdadeiramente a ele, continuaremos a segui-lo, fazendo o bem e evangelizando, embora isso implique sofrimento.

"Mas", talvez alguns de vocês estejam pensando, "hoje as coisas são bem diferentes dos dias em que Pedro escreveu. Naquele tempo havia perseguição aflitiva, hoje há pluralismo tolerante, pelo menos para nós, no Ocidente. Em nossa prosperidade e indiferença espiritual, o que significa para nós esse discurso de estar disposto a sofrer? Essa questão de sofrer não se aplica realmente a nós, se aplica?"

Acho que se aplica. Em uma tese, Robert Jenson deu um exemplo do que isso significa. Ele comentou:

> Um dos principais e excruciantes efeitos irônicos [da ideologia de pluralismo] é este: ela silencia muitas pessoas... Até onde posso observar, os silenciados são quase sempre aqueles que, se falassem, diriam algo caracteristicamente judaico, cristão ou islâmico. Tente, por exemplo, argumentar que a permissão irrestrita de praticar aborto é um mal político e social, em uma festa em Manhattan ou em uma faculdade em Minnesota. Os seus argumentos

não serão refutados; as cabeças se virarão como que evitando alguém que soltou gases de modo audível. Se, por outro lado, você argumentar o que, de fato, é a opinião *convencional*, será louvado por coragem e compaixão. Ou relate duas conversões: uma para o cristianismo, e a outra para longe do cristianismo. A primeira será recebida como uma detestável história de pobreza de espírito e a outra, como um exemplo das possibilidades maravilhosas de uma sociedade livre.[1]

Você já tentou ser aberto quanto ao seu discipulado cristão? Se já tentou, você sabe que, algumas vezes, isso é uma experiência maravilhosa, mas, outras vezes, apenas o faz sentir-se estúpido ou estranho.

Por natureza, queremos processar imediatamente nossas experiências; e, se elas são desagradáveis, tendemos a mudar nosso curso para, de alguma maneira, evitar o incômodo do comentário severo ou o sofrimento que nos sobrevém como resultado de obediência contínua. Entretanto, Pedro disse (1 Pedro 3) que dirigirmos nossa vida à maneira de Deus não evitará tal incômodo; pelo menos, não para aqueles que realmente querem servir a Deus mais do que a si mesmos. Visto que este mundo está em rebelião contra Deus e o bem, se temermos a ele e o seguirmos, nossa falsa paz desaparecerá e nos tornaremos

---

1 JENSON, Robert. The God-wars. In: BRAATEN, Carl E.; JENSON, Robert W. (Ed.). *Either/Or: the gospel or neopaganism*. Grand Rapids, MI; Eerdmans, 1995. p. 25.

o alvo de uma batalha intensa, às vezes ao nosso redor, às vezes dentro de nós. Seguir a Deus, que é bom, em um mundo mau envolverá sofrimento – até quando evangelizamos. Mas o fazemos, porque somos crentes em Jesus Cristo.

Se você é um crente, foi ordenado a compartilhar as boas-novas de Jesus Cristo com os outros.

AMOR PELOS PERDIDOS

Outra razão por que devemos compartilhar o evangelho é o amor por aqueles que estão perdidos. Ter compaixão e misericórdia dos necessitados é uma atitude espiritual, que imita a Cristo. Deus mesmo, conforme lemos, "amou ao mundo de tal maneira que deu o seu Filho unigênito, para que todo o que nele crê não pereça, mas tenha a vida eterna" (Jo 3.16). Se Deus amou dessa maneira, também devemos amar aqueles que estão perdidos. Havendo sido nós mesmos objetos desse amor salvador, quão apropriado é que mostremos esse amor aos outros. O Senhor Jesus, a quem seguimos, "vendo.. as multidões, compadeceu-se delas, porque estavam aflitas e exaustas como ovelhas que não têm pastor" (Mt 9.36). Essa compaixão deveria caracterizar-nos e motivar-nos a evangelizar.

Amor compassivo marcou a evangelização de Paulo. Em Romanos, lemos estas palavras: "Irmãos, a boa vontade do meu coração e a minha súplica a Deus a favor deles são para que sejam salvos" (Rm 10.1; cf. 9.1-5).

Paulo amava os perdidos e, por essa razão, compartilhava o evangelho com eles. Ele escreveu: "Dirijo-me a vós outros, que sois gentios! Visto, pois, que eu sou apóstolo dos gentios, glorifico o meu ministério, para ver se, de algum modo, posso incitar à emulação os do meu povo e salvar alguns deles" (Rm 11.13-14). Paulo os amava e queria vê-los salvos. Portanto, ele era motivado, como disse aos coríntios, a tornar-se "fraco", como se precisasse, para "salvar alguns" (1 Co 9.22).

Agostinho falou sobre isso há 1.500 anos. Referindo-se ao grande mandamento de Jesus, Agostinho escreveu:

> "Amarás o teu próximo como a ti mesmo." Você ama o seu próximo de modo conveniente quando ama a Deus melhor do que a si mesmo. Então, aquilo que você almeja para si mesmo deve almejar para seu próximo, ou seja, que ele ame a Deus com afeição perfeita. Você não o ama como a si mesmo, se não tenta atraí-lo para o bem que você mesmo está seguindo, pois esse é o único bem que todos devem seguir juntamente com você. Desse preceito procedem os deveres da sociedade humana.[2]

O evangelho nos ajuda a amar o perdido. Somos instruídos pelo próprio amor de Deus. Somos induzidos

---

2 AUGUSTINE. Morals of the catholic church. In: SCHAFF, Philip (Ed.). *The nicene and post-nicene fathers*, v. 4. Peabody, MA: Hendrickson, 1994. p. 55.

pelas necessidades dos perdidos. Somos compelidos pelo sacrifício de Cristo. E sentimos, nós mesmos, o benefício de negarmos os nossos pecados e nos voltarmos a Cristo em plena confiança. Quando experimentamos o evangelho, amamos mais os outros e queremos compartilhar as boas-novas com eles.

Algumas vezes, em nossas reuniões de líderes ou da equipe pastoral da igreja, temos de decidir quem vai ser o portador de boas notícias a outrem. Talvez seja a um seminarista que resolvemos apoiar ou a um missionário. Talvez seja a alguém que desejamos convidar a pregar, ou a um irmão com quem resolvemos conversar a respeito de servir à igreja em determinado ministério, ou a um estagiário em perspectiva cujo pedido de estágio foi aceito. São boas notícias. Sabemos que os recipientes as apreciarão, por isso queremos ser aqueles que as contará.

Você pode imaginar ser menos empolgado em contar a alguém as notícias infinitamente melhores a respeito do evangelho de Jesus Cristo? Apesar disso, somos muitas vezes assim. Eu sou!

A evangelização é um dever do cristão. É um dever resultante do amor aos outros. É também um privilégio.

AMOR A DEUS

Por último, nosso amor pelas pessoas pode comprovar-se inadequado. A força motivadora de toda a nossa vida, incluindo a nossa evangelização, tem de ser nosso amor a Deus.

Amor a Deus é o único motivo suficiente para a evangelização. O amor próprio resultará em egocentrismo; amor pelos perdidos fracassará em relação àqueles que não podemos amar; e, quando as dificuldades parecerem insuperáveis, somente um profundo amor a Deus nos manterá na sua vontade, declarando o seu evangelho, quando os recursos humanos falharem. Somente o nosso amor a Deus – e, o que é mais importante, seu amor por nós – nos guardará dos perigos que nos cercam. Quando o desejo de popularidade entre os homens ou de sucesso em termos humanos nos tenta a diluir o evangelho, torná-lo mais agradável, se amamos a Deus, permaneceremos firmes por sua verdade e seus caminhos.[3]

Em última análise, nosso motivo para evangelizar tem de ser o desejo de que Deus seja glorificado. Esse foi o objetivo de todas as ações de nosso Senhor Jesus Cristo (cf. João 17). No livro do profeta Ezequiel, lemos diversas vezes a frase "Saberão que eu sou o Senhor" (Ez 12.16; 20.20) como uma explicação das ações de Deus para com seu povo desobediente (cf. versículos sobre o amor entre as pessoas da Trindade: Jo 3.35; 5.20; 14.31). Jesus ensinou que as ações de seus seguidores glorificariam ao seu Pai: "Nisto é glorificado meu Pai, em que deis muito fruto; e assim vos tornareis meus discípulos" (Jo 15.8). Portanto, compartilhamos o

---

3 CHEESEMAN, John et al. *The grace of God in the gospel*. Edinburgh: Banner of Truth, 1972. p. 122. Por alguma razão este parágrafo não foi mantido em *Saving Grace* (Edinburgh: Banner of Truth, 1999), a revisão deste livro de John Cheeseman.

evangelho para que Deus seja glorificado; e isso acontece quando declaramos a verdade sobre Deus à sua criação.

Deus é glorificado em ser conhecido. Ver os outros chegando a conhecer verdadeiramente a Deus glorifica-o e honra-o. Falar a verdade a respeito de outras pessoas não transmite necessariamente honra. Todos fazemos coisas que nos trazem vergonha, e não glória. Deus é perfeito. Falar a verdade sobre Deus significa louvá-lo, glorificá-lo. Quando outras pessoas chegam a conhecer a Deus, isso expressa a verdade quanto à *desejabilidade* de Deus. Essa é a razão por que cristãos como John Harper, que citei na introdução deste livro, se mostram tão zelosos em compartilhar a verdade, as boas-novas, a respeito de Jesus Cristo.

A chamada à evangelização é uma chamada a exteriorizarmos nossa vida, deixando de focalizar-nos em nós mesmos e nossas necessidades, para focalizarmo-nos em Deus e nos outros que foram criados à imagem de Deus, mas ainda são inimigos dele, estão alienados dele e necessitam de salvação do pecado e da culpa. Glorificamos a Deus quando falamos a verdade sobre ele para a sua criação. Essa não é a única maneira pela qual podemos glorificar a Deus, mas é uma das principais maneiras que ele nos deu como cristãos, como aqueles que o conhecem por meio de sua graça em Cristo. Não é uma maneira pela qual lhe daremos glória eternamente no céu; é, porém, um dos privilégios que desfrutamos enquanto vivemos agora neste mundo caído.

No século I, o apóstolo Pedro exortou os cristãos quanto à glória de Deus, nestes termos: "Mantendo exemplar o vosso procedimento no meio dos gentios, para que, naquilo que falam contra vós outros como de malfeitores, observando-vos em vossas boas obras, glorifiquem a Deus no dia da visitação" (1 Pe 2.12). Pedro sabia: a vida cristã que testemunha de Deus e do evangelho será uma razão para que Deus seja glorificado no último dia. Esse é um motivo perpétuo para evangelizarmos.

Às vezes, ignoramos até as coisas mais importantes de nossa vida. Já houve ocasiões em que meu carro teve falta de combustível enquanto eu dirigia. De fato, lembro que em certo verão isso aconteceu duas vezes! À semelhança de meu descuido em abastecer o carro, a evangelização é uma das coisas mais importantes que podemos esquecer, ignorar ou negligenciar. Devemos nos dedicar a combater essa negligência. Portanto, a fim de ajudá-lo a fazer isso, desejo terminar este capítulo com alguns encorajamentos à evangelização.

ENCORAJAMENTOS À EVANGELIZAÇÃO

Em seguida, apresento cinco práticas simples que visam encorajá-lo na evangelização.

1) Ouça testemunhos. Como mencionei no capítulo 5, gosto de ouvir pessoas contarem como vieram a Cristo. Ouvir essas histórias me encoraja a compartilhar o evangelho e me faz recordar a mudança que Cristo operou em minha própria vida e na vida de muitos outros que conheço e amo.

A fim de tornar-se membro de nossa igreja, o convertido tem de reunir-se comigo (ou com outro dos presbíteros); e parte do que lhe peço é que compartilhe seu testemunho conosco. Essa é uma das partes favoritas de meu ministério como pastor. Já ouvi, literalmente, centenas de pessoas compartilharem como vieram a Cristo. E vieram de maneiras diferentes, mas foi a Cristo que vieram por meio de arrependerem-se de seus pecados e de crerem nele. Inevitavelmente, como chegaram a fazer isso? Vieram a Cristo porque alguém compartilhou o evangelho com eles.

2) Considere a realidade do inferno. Penso realmente sobre a brevidade desta vida e sobre a vida por vir. Considero o fato de que pessoas se encontrarão com Deus em sua ira. Com disse um puritano: "À parte de Cristo, Deus é terrível". Você entende o que ele estava dizendo? Estava dizendo que Deus é bom; e, visto que ele é inflexível, correta e invariavelmente bom, não aceitará qualquer tipo de mal. O profeta Habacuque disse a Deus: "Tu és tão puro de olhos, que não podes ver o mal" (Hc 1.13).

Sendo isso verdade, não deve surpreender-nos o fato de que Deus está comprometido em punir aqueles que estão em rebelião contra ele, aqueles que estão nos pecados dos quais não se arrependem. E a penalidade não é um aniquilamento ou um afastamento, e sim uma punição ativa do pecador por causa de seus pecados. Esse estado de ser punido para sempre pelos pecados dos quais uma pessoa não se arrepende é designado de *inferno*.

Pensar nessas coisas me torna prudente.

Esclarece quais são as coisas importantes em meu dia e minha semana. Lembrar essa verdade me ajuda nas conversas com as pessoas que encontro. Não penso imediatamente: esta pessoa está indo para o inferno. Mas penso: esta é uma pessoa que está sujeita a perecer sob a ira de Deus. Quero compartilhar com ela a maravilhosa obra que Cristo realizou por todos que se convertem de seus pecados e crêem nele!

Sem esse converter-se e esse crer em Jesus, há somente a ira merecida de Deus. Lemos em João 3.36: "Quem crê no Filho tem a vida eterna; o que, todavia, se mantém rebelde contra o Filho não verá a vida, mas sobre ele permanece a ira de Deus". Como uma pessoa escapará dessa ira? Nunca escapará se não crer no Filho. Como uma pessoa chegará a crer? Isso só acontecerá se alguém compartilhar com ela o evangelho.

3) Considere a soberania de Deus. Isso talvez surpreenda você, mas estou seguindo a direção de Deus em ressaltar a doutrina de sua soberania. Paulo estava se tornando um evangelista relutante – pelo menos, um evangelista cansado e desanimando – em Corinto. Lemos em Atos 18.9-11: "Teve Paulo durante a noite uma visão em que o Senhor lhe disse: Não temas; pelo contrário, fala e não te cales; porquanto eu estou contigo, e ninguém ousará fazer-te mal, pois tenho muito povo nesta cidade". Quando o Senhor disse: "Tenho muito povo nesta cidade", não se referia à população de Corinto. Paulo estava bem ciente do tamanho da cidade. Então, o que o Senhor estava dizendo a Paulo?

Deus estava dizendo que o fato de haver ele escolhido alguns (nesse caso, muitos, em Corinto) para a salvação implicava que Paulo deveria continuar pregando, para que os eleitos fossem salvos. Paulo soube que Deus desejava que a evangelização realizada por ele desse bom fruto.

Você já ouviu falar que a doutrina de que Deus escolheu alguns para a salvação (a doutrina da eleição) destrói a evangelização? Ela não fez isso no ministério de Paulo.

Como ele escreveu posteriormente a Timóteo: "Tudo suporto por causa dos eleitos, para que também eles obtenham a salvação que está em Cristo Jesus, com eterna glória" (2 Tm 2.10). Romanos 10 contém o mais claro e mais fervoroso apelo de Paulo para que cristãos fossem enviados a pregar o evangelho, pois somente assim pessoas seriam salvas. Esse apelo fervoroso surge depois do que consideramos o mais claro ensino de Paulo quanto à doutrina da eleição, em Romanos 9. Paulo não via qualquer incoerência no fato de que um Deus soberano é também um Deus salvador.

De certo modo, Paulo achava que a doutrina da soberania de Deus era um encorajamento para que ele evangelizasse. Precisamos resgatar essa confiança em uma época de oposição crescente à pregação pública do evangelho? Acho que precisamos. Receio que muito da evangelização contemporânea logo acabará. À medida que a evangelização se torna cada vez mais impopular, temo que alguns cristãos simplesmente hão de diluí-la, abrandá-la, alterá-la ou mesmo pararão de compartilhar as boas-novas. Penso que um entendimento melhor do ensino bíblico sobre a eleição de Deus os ajudaria. Acho que isso lhes daria confiança e alegria em sua evangelização.

Mas, a doutrina da eleição não é intolerante e, ao mesmo tempo, insensível? Conheço pessoas que pensam assim. Gosto da oração que ouvi ser atribuída a C. H. Spurgeon: "Senhor, salva os eleitos e elege alguns mais". Não digo isso desrespeitosamente. Estou certo de que jamais poderíamos ser mais generosos do que Deus. Também estou certo de que Deus não fica desapontado com nossas aspirações de que mais e mais pessoas cheguem a conhecê-lo em seu amor maravilhoso, magnificente, salvador. Mas, como chegarão a conhecer o amor de Deus? Só o conhecerão se alguém compartilhar o evangelho com elas.

4) Medite no evangelho. Acho a mensagem do evangelho, em si mesma, constrangedora. Pensar sobre a natureza de Deus (para o cristão) é ser atraído a ele; é ficar entusiasmado por ele. É ser atraído a ele e ao seu coração, à sua santidade e às suas justas reivindicações por nossa lealdade.

Meditar na necessidade do homem é também um encorajamento à evangelização. A necessidade do homem abrange mais do que apenas o seu estado eterno; também envolve sua escravidão ao pecado. Essa criatura, feita à imagem de Deus, não deve passar a vida em rebelião, como se houvesse para a sua alma um governo melhor do que o governo de Deus. Pelo contrário, o homem deve viver em comunhão com Deus, ser sujeito a ele e adotado como filho de Deus. Como alguém pode arrepender-se de seus pecados e crer em Cristo? Somente se um cristão compartilhar o evangelho com ele.

5) Considere a cruz. Meditar também no que Deus proveu em Cristo é uma encorajamento especial para compartilharmos o evangelho. Pensar que Deus nos ama é admirável, levando em conta o modo como o tratamos. Todavia, pensar que ele nos ama como ama a Cristo – isso é *verdadeiramente* admirável. Ele comprou a igreja com o seu sangue (At 20.28). Na cruz, Cristo nos mostrou a dimensão do amor de Deus. Você quer conhecer a altura, a profundidade, o comprimento e a largura desse amor? Então, olhe para os braços de Cristo abertos na cruz.

Talvez você tenha, em algum tempo de sua vida, recebido um presente que o deixou totalmente embaraçado. O custo do presente, a sua raridade ou mesmo a absoluta consideração o dominou tanto, que você quase desejou esquivar-se de recebê-lo. A cruz de Cristo é assim. Quase não podemos acreditar que alguém tão cheio de bondade pudesse amar pessoas como nós, amar-nos tão completamente, em tão grande proporção!

Como podem as pessoas chegar a conhecer a beleza do amor de Deus na cruz de Cristo? Somente por compartilharmos o evangelho com elas. À luz de tudo isso, a evangelização deveria ser tanto uma disciplina como um ato de devoção e adoração.

Eu pensava que este seria um livro pequeno sobre evangelização, mas está ficando grande. É melhor levá-lo à conclusão. Antes de você deixar o livro, desejo que pensemos juntos sobre "concluir a venda".

CONCLUSÃO

FECHANDO A VENDA

Então, chegamos ao final. Quase.
Isto é a nossa evangelização: uma comissão e um método dados por Deus, uma mensagem centrada em Deus, um motivo centrado em Deus. Todos devemos evangelizar. A evangelização não é todas as outras coisas que consideramos; é contar as boas-novas sobre Jesus, fazendo-o com honestidade, urgência e alegria, usando a Bíblia, vivendo de um modo que a comprove e orando. E tudo isso para a glória de Deus.

Lembro-me da leitura de um livrete, escrito por C. S. Lovett, intitulado *Soul winning plan made easy* [Facilitando Ganhar Almas]. Nesse livro, Lovett apresenta um Plano de Ganhar Almas, como ele o chama, que se baseia em técnicas de venda da época. "Você está com a palavra", ele diz, falando sobre os cristãos como vendedores.

> De modo bem semelhante, o ganhador de almas treinado pode trazer a pessoa evangelizada a uma decisão

por Cristo. Não há meio-termo, quando ele se dirige com segurança e destreza ao ponto de salvação. É o seu controle da conversa que torna isso possível. Ele sabe exatamente o que dirá em cada passo do caminho e pode até antecipar as respostas da pessoa evangelizada. É capaz de manter a conversa focalizada no assunto principal e impedir que assuntos não relacionados sejam introduzidos. A técnica de conversa controlada é algo novo na evangelização e representa uma investida poderosa no ganhar almas.[1]

Depois, Lovett instrui o cristão zeloso em vários instrumentos necessários e dá algumas sugestões proveitosas, como "fique sozinho com a pessoa evangelizada".[2] Em um ponto do livro, Lovett ensina como pressioná-la a uma decisão. Ele escreveu: "Coloque a sua mão com firmeza no ombro (ou braço) da pessoa e diga-lhe em tom brando de ordem: 'Curve a sua cabeça comigo'. Observe: não olhe para ele quando lhe disser isso, mas curve a sua cabeça primeiro. Do canto de seu olho, você o verá hesitando a princípio. Em seguida, quando a resistência dele ceder, a cabeça se curvará. Sua mão no ombro dele sentirá o relaxamento, e você saberá quando o coração dele se rende. Curvar a sua cabeça primeiro causa terrível pressão psicológica".[3] Causa terrível pressão psicológica.

---

1 LOVETT, C. S. *Soul-winning made easy*. Lockman Foundation, 1959. p. 17-18.
2 Ibid. p. 23.
3 Ibid. p. 50.

Terrível pressão psicológica. Pressão psicológica. Pressão. Quantas igrejas hoje estão cheias de pessoas que sofreram pressão psicológica, mas nunca foram verdadeiramente convertidas?

Em nossa igreja, em Washington, tivemos um visitante, num domingo, que me procurou à porta do templo, depois do culto. Ele apreciara a mensagem e queria me dizer isso. Preparei-me para o encorajamento. Depois de dizer-me que o sermão fora bom em vários aspectos, ele o caracterizou como "talvez o melhor discurso de vendas que já ouvi". E acrescentou: "Isso deve significar alguma coisa, porque é isso que eu faço para viver. Sou um vendedor".

Nessa altura, eu estava tentando aceitar amavelmente o comentário, fingindo humildade, mas começando a pensar atentamente no elogio.

"Mas", ele acrescentou, "tenho uma crítica".

"Qual?", perguntei sinceramente.

"Você não fechou a venda!" Essa afirmação foi como se um adulto houvesse entrado num sonho infantil. Tive uma percepção diferente quanto ao evangelho e à evangelização, uma percepção centrada nessa afirmação.

Precisamos saber que tipo de vendas podemos fechar e que vendas não podemos fechar. A redenção de uma alma eterna é uma venda que nós, em nossa força, não podemos realizar. E precisamos saber disso, não para que deixemos de pregar o evangelho, e sim para não permitirmos que o evangelho pregado seja moldado por aquilo que, no final, obtém uma resposta!

Essa última declaração foi importante, por isso vou repeti-la. Precisamos saber que "vendas" podemos "fechar" e que "vendas" *não podemos* fechar – não para que deixemos de pregar o evangelho, e sim para não permitirmos que o evangelho pregado seja moldado por aquilo que, no final, obtém uma resposta.

Como estava sem sono na noite passada, li um ensaio escrito pelo falecido teólogo liberal Paul Tillich.[4] No ensaio, Tillich sugeriu que o cristianismo tem símbolos poderosos (criação, queda, encarnação, salvação, céu), que perdem sua conexão com a vida moderna quando são entendidos literalmente. Meu amigo vendedor pareceu um discípulo moderno de Tillich. Você pode fechar a venda. Se não consegue uma resposta, mude a maneira de apresentar a mensagem, até que obtenha uma resposta – até que possa fechar a venda. Isso pode aproximar-se perigosamente de mudar a mensagem.[5]

Você e eu não somos chamados a usar nossos poderes para convencer e mudar o pecador, enquanto Deus se mantém na retaguarda como um cavalheiro, esperando sossegadamente que o cadáver espiritual, seu inimigo declarado, convide-o a entrar em seu coração. Pelo contrário,

---

[4] TILLICH, Paul. The lost dimension in religion. In: THRUELSON, Richard; KOBLER, John (Ed.). *Adventures of the mind*. New York: Vintage, 1958. p. 52-62.

[5] Um interesse por expansão evangelística tem sido freqüentemente o caminho do liberalismo. Isso não sugere, de modo algum, que um interesse por evangelização é mau – é essencial! Apenas é mais perigoso do que é comumente reconhecido. Para saber mais sobre isso, ver as obras de Iain Murray, em especial: *Revival and Evangelism* (Edinburgh: Banner of Truth, 1994), *Evangelicalism Divided: A Record of Crucial Change in the Years 1950-2000* (Edinburgh: Banner of Truth, 2000).

devemos pregar o evangelho como cavalheiros, persuadindo, enquanto sabemos que não podemos regenerar ninguém, e mantendo-nos na retaguarda, enquanto Deus usa o seu grande poder para convencer e mudar o pecador. Assim, veremos claramente quem é que pode chamar os mortos à vida. Embora Deus nos use para isso, é ele, e não nós, quem está realmente fazendo-o.

Deus pode usar qualquer pessoa; e gosta de fazer isso para sua própria glória. Deus usou Moisés, o gaguejante, para confrontar o rei mais poderoso do mundo e trazer a sua lei ao seu povo. Ele usou Paulo, o judeu nacionalista, para alcançar os gentios.

George Whitefield, o grande evangelista do século XVIII, foi perseguido por um grupo de detratores que se chamavam de Clube do Fogo do Inferno. Eles menosprezavam a obra de Whitefield e zombavam dele. Numa ocasião, um deles chamado Thorpe pregou um sermão em que arremedava Whitefield para os seus amigos íntimos, com brilhante exatidão, imitando perfeitamente o tom de voz e as expressões faciais de Whitefield. O próprio Thorpe foi, ele mesmo, tão comovido, que se assentou e se converteu ali mesmo.[6]

O evangelho é poderoso, e Deus está comprometido em usar essas boas-novas por meio de sua propagação a toda tribo, língua, povo e nação da terra.

Às vezes, pessoas levantam esta acusação: "Se você crê na eleição, não evangelizará". Mas, os grandes evange-

---

[6] Spurgeon contou essa história na revista *Metropolitan Tabernacle Pulpit*, vol. 34, p. 115.

listas da história da igreja cristã não criam que a salvação acontece devido à eleição por parte de Deus? Essa crença abrandou o zelo evangelístico de Whitefield, ou de Edwards, ou de Carey, ou de Judson, ou de Spurgeon, ou de Lloyd--Jones, ou de James Kennedy, ou de R. C. Sproul?

Minha preocupação é o oposto. Se você *não* crê que o evangelho é as boas-novas da ação de Deus – o Pai elegendo, o Filho morrendo e ressuscitando, o Espírito Santo atraindo; que a conversão é apenas nossa resposta à outorga, por parte de Deus, dos dons de arrependimento e fé; e que a evangelização é o nosso simples, fiel e dedicado contar essas boas-novas, você causará danos à missão evangelística da igreja por produzir falsos convertidos. Se você acha que o evangelho se refere ao que podemos fazer, que a sua prática é opcional, e que a conversão é algo que alguém pode escolher em qualquer tempo, então, preocupa-me o fato de que você considera a evangelização como um trabalho de vendas no qual o ouvinte tem de ser ganho para assinar uma linha pontilhada, por fazer uma oração, seguida pela segurança de que é um orgulhoso possuidor da salvação.

No entanto, a evangelização não diz respeito à nossa habilidade de mascatear nossos produtos religiosos. Às vezes, o desânimo pode ser dolorosamente profundo, quando compartilhamos estas excelentes notícias e elas são recebidas como insignificantes ou inacreditáveis. Contudo, nesse momento temos de lembrar que nossa parte consiste somente em comunicar a mensagem; Deus realizará o crescimento.

Desejo que vejamos o fim da evangelização superficial e errônea que tenta apenas conseguir que as pessoas digam "sim" a uma pergunta ou tomem uma decisão uma única vez. Como David Wells disse recentemente: "Vivemos numa época em que é muito fácil fazer convertidos e muito difícil fazer discípulos". É claro que esses convertidos que não são discípulos não são verdadeiros convertidos; por isso, queremos ver o fim dos maus frutos da falsa evangelização:

- Pessoas mundanas sentindo segurança porque tomaram uma decisão;
- Verdadeiro avivamento se perdendo em meio às nossas reuniões agendadas e fabricadas que chamamos eufemisticamente de "avivamentos" (como se pudéssemos determinar onde e quando o sopro do Espírito de Deus se moverá);
- O números de pessoas registradas no rol de membros da igreja sendo notoriamente maior do que o número daqueles que se envolvem com a igreja;
- Inatividade em nossa própria vida, enquanto ignoramos o mandato evangelístico – a chamada a compartilharmos as boas-novas. Queremos ver o fim desta frieza debilitante e letal em relação à gloriosa chamada para compartilharmos as boas-novas.

Queremos ver uma alegria e um compromisso renovados para com nosso grande privilégio de compartilhar as boas-novas de Cristo com os perdidos e o mundo que perece ao nosso redor. Uma pessoa pode ser salva tão-somente porque alguém outro se mostrou bastante fiel.

Ore a Deus para que ele use você como um mensageiro fiel das boas-novas. Peça-lhe que você veja outros sendo salvos da justa punição de Deus para os seus pecados por aceitarem as boas-novas da morte vicária de Cristo. E, se Deus, em sua misteriosa soberania, ordenar que isso não aconteça com aqueles para os quais testemunhamos, que tal não aconteça porque falhamos em nossa comissão de tornar a ele e a sua graça em Cristo conhecidos de toda criatura feita à sua imagem.

Estas boas-novas de Jesus Cristo são cruciais. Enquanto você não reconhecer isso, não posso dizer nada que lhe seja proveitoso quanto à evangelização. A evangelização não lhe será mais do que um dever desagradável ou um impulso ocasional. Quando a mensagem da cruz conquista o seu coração, a sua língua – ainda que seja gaguejante, hesitante, insultante, esquisita, sarcástica e imperfeita – não se calará. Como disse Jesus: "A boca fala do que está cheio o coração" (Mt 12.34).

Do que está cheio o seu coração?

Em que você gasta as suas palavras?

A chamada cristã à evangelização não é apenas uma chamada a persuadirmos as pessoas a tomarem decisões. Antes, é uma chamada a que lhes proclamemos as boas-novas de salvação em Cristo e as exortemos a arrependerem-se e darem a Deus a glória pela regeneração e pela conversão.

Não falhamos em nossa evangelização se anunciamos fielmente o evangelho a alguém que não se converte. Falhamos somente se não anunciamos com fidelidade o evangelho.

APÊNDICE

UMA PALAVRA AOS PASTORES

Muitas pessoas acham que a evangelização deve ser confiada aos pastores. (Consideramos isso no capítulo 3.) A verdade é que os pastores têm freqüentemente uma tarefa árdua em achar maneiras de fazer evangelização pessoal.

Pense nisso. Nós, pastores, gastamos nossos dias da semana com os cristãos. Gastamos as noites com nossa família, ou com os oficiais da igreja, ou talvez com o vizinho ocasional ou outro amigo. Como podemos evangelizar? Por todas as razões que já apresentamos, precisamos evangelizar e também servir como exemplos disso.

Primeiramente, temos de lembrar que nossa pregação é a maneira primordial pela qual Deus nos chama a evangelizar.[1] Queremos pregar o evangelho aos não-cristãos e desejamos ver o fruto de conversões.

---

1 Cf. DEVER, Mark. Evangelistic expository preaching. In: RYKEN, Philip G. et al. *Give praise to God*. Phillipsburg, NJ: P&R, 2003. p. 112-139.

Para alcançar esse objetivo, devemos ser cuidadosos e incluir um resumo do evangelho em cada sermão. Lembro-me de que, certa vez, meu amigo Bill veio procurar-me depois que preguei um sermão sobre o livro de Lamentações. Ele me disse que fora um bom sermão e, depois de uma pausa, perguntou-me algo assim: "Você tinha o evangelho no sermão?"

A pergunta me surpreendeu. Posteriormente, quando reexaminei o sermão, descobri que em nenhum ponto eu havia explicado com clareza o que Cristo fez por nós e como ele nos chama a arrepender-nos e crer. Daquele momento em diante, resolvi tentar sempre apresentar com clareza o evangelho em cada sermão.

Outras verdades em nosso sermões podem ajudar-nos a evangelizar. E podemos ajudar os cristãos a ouvirem nossa pregação por sermos modelos de como falar a verdade. Lavre o solo freqüentemente por falar sobre a santidade de Deus e sobre o nosso pecado. Seja claro a respeito do problema de nosso pecado em relação a Deus, que é totalmente bom. Tente expor a mentira de Satanás de que o pecado é algo insignificante. Tente ajudar as pessoas a verem a gravidade de seu pecado e a profundeza de sua oposição a Deus.

Assegure-se de que seus sermões tanto instruem as pessoas sobre o evangelho como apelam a que elas respondam ao evangelho. Se você fizer um apelo sem a instrução, estará supondo que seus ouvintes entendem o evangelho, quando eles talvez não saibam o que é realmente o evangelho. Por outro lado, se você apenas mostrar as verdades do evangelho utilizando a terceira pessoa, ou seja, se contar somente a sua experiência, as pessoas talvez não entendam que a Bíblia ensina com clareza que elas mesmas devem arrepender-se e crer.

Esteja disponível às pessoas depois da pregação. Fique à porta, vá para a recepção, tornando-se de algum modo disponível às pessoas que acabaram de ouvir sua pregação da Palavra de Deus. Elas talvez tenham perguntas especiais a respeito de como a mensagem se relaciona com elas ou a respeito de assuntos específicos que desejam entender mais plenamente.

Meu amigo pastor, além de sua pregação, assegure-se de orar regularmente pelos não-cristãos, vizinhos, amigos e familiares. Em suas orações pastorais antes do sermão, ore publicamente por conversões. Estimule e seja um exemplo de orar a Deus pedindo-lhe que salve não-cristãos. Gaste tempo agradecendo a Deus por sua salvação; mantenha sua gratidão sempre nova.

Ore também para que você seja um evangelista fiel. No passado, eu ia com regularidade a certos restaurantes, comprava em certas lojas e freqüentava certos lugares de negócios para estabelecer, nesses lugares, relacionamentos como oportunidades para compartilhar o evangelho. Realizar evangelização pessoal desse tipo exige ser um consumidor paciente, um bom doador de gorjetas e um habilidoso conversador – embora você talvez não tenha designado tempo para isso.

Compreenda, também, que você foi chamado a equipar os santos para evangelizarem. C. H. Spurgeon disse:

> Apesar de tudo que você possa fazer, seus desejos não serão satisfeitos; pois o ganhar almas é uma busca que cresce num homem. Quanto mais ele é recompensado com conversões, tanto mais desejoso ele se torna de ver

maior número de pessoas nascidas para Deus. Portanto, você logo descobrirá que *precisa de ajuda se muitos são trazidos a Cristo*. A rede logo fica muito pesada para duas mãos arrastarem-na à praia, quando ela está cheia de peixes. E seus cooperadores têm de ser convocados para ajudá-lo. Grandes coisas são feitas pelo Espírito Santo quando toda a igreja é despertada para uma atividade sagrada... Contemple, de início, a possibilidade de ter uma igreja de ganhadores de almas. Não sucumba à idéia habitual de que podemos somente reunir alguns poucos cooperadores e de que o resto da comunidade tem de ser inevitavelmente um peso morto. Isso pode acontecer, mas não desenvolva essa idéia, se não ela se comprovará verdadeira. A necessidade habitual não deve se tornar universal. Coisas melhores são possíveis, melhores do que qualquer coisa já conseguida. Tenha um alvo elevado e não poupe esforços para alcançá-lo. Labute por congregar uma igreja viva para Jesus, na qual cada membro seja cheio de vigor e todos se envolvam em atividade incessante em favor da salvação de homens. Para atingir esse objetivo, tem de haver a melhor pregação para alimentar os membros, a fim que sejam fortes, oração permanente para trazer o poder do alto e o mais heróico exemplo, dado por você mesmo, para acender o zelo.

O pastor deve assegurar-se de que os outros, em sua igreja, estão equipados para a evangelização. Podemos equipá-los não somente por meio de nossa pregação, mas também por meio de conversas, livros que doamos e a maneira como admitimos novos membros (sempre pedimos que eles narrem o evangelho e compartilhem seu testemunho conosco). Podemos fornecer à congregação treinamento específico em instrumentos de evangelização (como *Cristianismo Explicado* ou *Duas Maneiras de Viver*).[2] Em nossas orações, podemos ser exemplos de interesse por evangelização e conversões. Podemos patrocinar eventos especiais de evangelização. Podemos estimular os membros da igreja por promovermos momentos em que compartilhamos e oramos, momentos nos quais oramos definidamente por iniciativas evangelísticas e conversões específicas.

Em tudo isso, temos de liderar pelo exemplo. Como pastores, somos chamados a liderar pelo ensino, mas também por nossas ações. Portanto, temos de atentar ao encargo que Paulo deu a Timóteo: "Tu, porém, sê sóbrio em todas as coisas, suporta as aflições, faze o trabalho de um evangelista, cumpre cabalmente o teu ministério" (2 Tm 4.5). Em tudo, desde a nossa vida de oração pessoal até à conversa com os familiares e vizinhos, devemos trabalhar para apresentar bem a Cristo.

Nós, pastores, devemos aceitar o papel de liderança que Deus nos deu. Certamente, sacrificamos oportunidades pessoais de evangelizar quando trabalhamos de tempo integral no ministério. Em um sentido, estamos dispostos a colocar-nos na retaguarda a fim de equiparmos os outros. Compreendemos que a linha de frente do conflito, a "pele" da igreja, se você quer chamá-la assim, é representada pelos membros da congregação local depois que deixam a igreja no domingo.

---

2 TWO ways to live. Kingsford NSW, Australia: Mathias Media, 2003. CHRISTIANITY explained. Valley Forge, PA: Scripture Union, 1975.

Portanto, é durante a semana que a igreja exerce pressão sobre o reino das trevas, quando os crentes vivem suas vocações cercados de centenas ou de milhares de não-cristãos cada semana. Nossa tarefa como pastores consiste em liderar todos os crentes em aceitar, abraçar e usar as oportunidades que Deus lhes dá ricamente. Em tudo isso, devemos trabalhar não para implementar programas, e sim para criar uma cultura em nossa igreja. Queremos que nossas igrejas sejam marcadas por uma cultura de evangelização. Para fazer isso, temos de ficar atentos a quantas noites estimulamos os nossos membros a realizarem alguma atividade na igreja. Precisamos dar-lhes tempo para desenvolverem amizades com os não-cristãos.

Portanto, meu amigo pastor, sinta-se encorajado à evangelização. Compartilhe com seus amigos histórias sobre evangelização. Peça-lhes que contem experiências recentes de evangelização. Leia livros que lhe recordem a prioridade da evangelização em seu ministério. Gostaria de sugerir-lhe estes poucos que despertaram minha própria alma: *O Pastor Aprovado*[3], escrito por Richard Baxter; *The Christian Ministry* [O Ministério Cristão], escrito por Charles Bridges; *Words to the Winners of Souls* [Palavras aos Ganhadores de Almas], escrito por Horatius Bonar; *Lições aos Meus Alunos*[4], escrito por C. H. Spurgeon (ou, na realidade, qualquer outro livro escrito por ele).

---

3 Publicado em português pela Editora PES
4 Ibidem

FIEL MINISTÉRIO

O Ministério Fiel tem como propósito servir a Deus através do serviço ao povo de Deus, a Igreja.

Em nosso site, na internet, disponibilizamos centenas de recursos gratuitos, como vídeos de pregações e conferências, artigos, *e-books*, livros em áudio, blog e muito mais.

Oferecemos ao nosso leitor materiais que, cremos, serão de grande proveito para sua edificação, instrução e crescimento espiritual.

Assine também nosso informativo e faça parte da comunidade Fiel. Através do informativo, você terá acesso a vários materiais gratuitos e promoções especiais exclusivos para quem faz parte de nossa comunidade.

Visite nosso website

www.ministeriofiel.com.br

e faça parte da comunidade Fiel

Esta obra foi composta em Goudy Old Style BT Roman 12, e impressa
na Promove Artes Gráficas sobre o papel Pólen Soft 70g/m2,
para Editora Fiel, em Setembro de 2024.